문화문고 013

한문문법
漢文文法

이상진 저

傳統文化硏究會

문화문고 **한문문법**   정가 13,000원

───

2014년 09월 05일 초판 발행
2024년 11월 30일 초판 6쇄

저   자 이상진
편   집 남현희
교   정 하정원
출   판 김주현
관   리 함명숙
보   급 서원영

발행인 김 현
발행처 (사)전통문화연구회
   서울 종로구 삼봉로 81 두산위브파빌리온 1332호
   전화 : 02-762-8401 전송 : 02-747-0083
   사이버書堂 : cyberseodang.or.kr
   온라인서당 : book.cyberseodang.or.kr
   전자우편 : juntong@juntong.or.kr
   등   록 : 1989. 7. 3. 제1-936호
   인쇄처 : 한국법령정보주식회사(02-462-3860)
   총   판 : 한국출판협동조합(070-7119-1750)

ISBN 979-11-85856-12-4 04700
      978-89-91720-76-3 (세트)

간행사

본회는 한국고전의 연구와 번역의 선결과제先決課題로, 동양고전의 협동연구번역과 on-off 라인을 통한 교육을 해온 지 20여 년이 되었다. 이는 우리의 역사歷史와 문화文化를 깊이 이해하기 위하여 동양의 역사와 문화를 총체적으로 조명하여야 한다는 취지에서이다.

그런데 동서양 고전에 대해서 그 중요성은 인정하고 있지만, 특히 한국과 동양의 한문고전은 지식인이나 일반인은 물론 전문가조차 해독하기 어려워 일본이나 중국의 번역본을 중역하는 상황이었고, 동양고전은 현대화가 늦어져 이제야 본격적인 작업을 하고 있다.

오늘날 각계의 교류가 긴밀히 이루어지면서 세계가 하나로 되는 상황에 이르러, 우리 국민의 역사·문화 의식이 한국에서 동양으로, 또 세계로 지향해야 하는 시급한 시대가 다가왔다.

그러나 세계로의 지향이 서구화의 다른 이름이고 우리로서는 허상일 수 있음을 주의해야겠지만, 우리와 동양의 자주성과 자존의 아집도 경계하여 새로운 그 무엇을 그려내야 할 것이다. 이를 위해서는 일차적으로 한韓·중中·일日이 삼국양립三國兩立에서 발전하여 삼국정립三國鼎立을 이룸으로써, 치욕의 역사에서 벗어나 안정과 발전의 기반을 마련해야 할 것이다.

본회는 이러한 상황에서 1차적인 준비로 '동양문화총서'를 몇 권 간행한 바 있으나, 이 계획의 충실을 기하기 위해서는 한 손에는 연구, 다른 한 손에는 보급이라는 과제를 좀더 확실히 해결하지 않으면 안 된다. 이러한 문화 보급의 취지에서 앞으로 국민의 전체적인 수준 향상을 위하여 '사서四書'의 문고화를 시작으로, 우리와 동양에서부터 서양의 고전과 인물과 문화에 관한 '문화문고' 간행의 출발점으로 삼고자 하는 것이다.

대체로 문고는 연구서에 비하면 2차적 작품이므로, 해석과 주석 등을 본문에 녹여서 중등학생 수준의 독자가 읽어서 이해되도록 하려고 한다. 그러나 특수한 분야나 전문적인 것도 필요한 것이다. 또한 시대에 부응하여 편리하며 염가로 읽힐 수 있는 '전자출판'도 겸행할 예정이다.

구미歐美의 유명한 문고본이 끼친 세계 문화적 영향이나, 이웃 일본의 교양과 지식이 이와나미문고岩波文庫에서 나왔다는 사실을 기억해야겠다. 우리나라의 문고본은 그간 부침浮沈이 있었으나, 여러 분의 서가에도 상당수 있듯이 그 공헌은 인정하지 않을 수 없다.

앞으로 우리는 동양고전의 번역 및 교육사업과 함께 통섭적統攝的 방법으로, 국가경쟁력을 키우고 문예부흥을 개막하는 계획의 꿈도 이루기 위하여 지혜를 모아 헌신할 것을 다짐하며, 이에 각계의 관심과 지원을 기대한다.

전통문화연구회 회장 이계황

머리말

흔히 '한문漢文에는 문법文法이 없다.'라고 한다. 이 세상 모든 언어言語와 문장文章에는 그것을 구사驅使하는 요령要領과 법칙法則이 있기 마련인데, 오로지 한문만 법칙이 없겠는가?

한문 문장이 해독解讀하기 어렵고 변화가 많으며 현재 우리가 사용하는 말과 차이가 있기 때문에, 한문에는 문법이 없다는 말로 회피回避하려는 것은 아닐까? 복잡複雜하고 다기多岐한 변화變化와 변용變容을 보이는 문장을 접하고 일정한 법칙을 정리하여 제시하기가 어렵기 때문에 나온 말은 아닐까 하는 것이다. 그래서 한문에 문법이 없다고 말하는 사람들 중에 '어법語法'은 있다고 하는 사람이 있다. 어법은 말하는 법이고, 문자로 기록하는 법이 문법이다.

이 책은 이제 막 한문을 접하고 이를 공부해보려는 사람들, 또는 이제까지 배운 한문 지식을 정리해보려는 사람들에게 도움이 될 수 있는 책이다. 한문에 일가견이 있거나, 한문으로 문장 활동을 하려는 사람에게 필요한 책이 아니다. 한문으로 쓰인 책을 읽는 데 다소라도 도움이 되었으면 하는 바람에서, 여러 해 동안 한문문법을 강의하면서 지니고 다니던 강의안講義案을 새 책에 옮겨 정서正書하고 내용을 추가하여 내놓은 것이다.

작은 것에 얽매이면 큰 것을 못 볼 수 있다. 문법에만 매달리면 문장의 큰 틀(내용)을 볼 수 없다. 한 글자 한 글자에 천착穿鑿하게 되면 글의 대지大旨를 놓치기 십상이다. 요즘 우리네 글도 그러하거늘, 하물며 우리가 공부하려는 한문이 오래전 한국韓國과 중국中國의 문장인데 어떻겠는가.

결국 '한문에는 문법이 없다.'는 말은 열려 있는 문을 보지 못하고 완악頑惡하게 창문만을 뚫고 나가려는 꿀벌이 되지 말라는 경계의 잠언箴言으로 삼을 만하다. 때문에 이 책에는 '알면 한문 독해에 도움이 될 만한 상식적인 것'만 수록하였다.

서산 여천재戾天齋에서

일러두기

1. 본서는 동서양東西洋의 중요한 고전古典, 인물人物, 문화文化에 관한 모든 국민의 교양도서로, 미래 한국의 양식良識 기반을 구축하기 위한 문화문고文化文庫이다.

2. 본서는 한문漢文을 처음 접하는 사람도 쉽게 이해할 수 있도록 기초적이고 기본적인 문법文法과 문형文型에 대해 설명하였다.

3. 본서의 1·2·3부에서는 기본적인 문법과 문형에 대해 설명하였고, 4부에서는 설명한 내용을 종합하여 실제 작품을 통해 제시하였다.

4. 어려운 문법 용어들은 가급적 배제하고 꼭 필요한 경우 쉽게 이해할 수 있도록 자세히 설명하였다.

5. 다양한 문장을 통해 문법 사항을 이해할 수 있도록 예문例文을 풍부하게 제시하였으며, 예문의 번역은 직역直譯하여 한문을 처음 배우는 사람도 한문의 문장구조를 익힐 수 있도록 구성하였다.

6. 고유명사 및 주요 어휘는 독자의 이해를 위하여 한자漢字를 병기하였다.

7. 본서에 사용된 주요 부호符號는 다음과 같다.

    " " : 대화, 인용

    ' ' : 재인용, 강조

( )：간단한 주석註釋

≪ ≫：서명書名

〈 〉：편장명篇章名, 작품명作品名, 보충역

〔 〕：관용구慣用句, 보충 원문原文

목 차

간행사

머리말

일러두기

3부 한시漢詩의 이해

4부 문장 해석의 실제

1부 한자漢字의 이해

1장 한자漢字의 발전發展과 전래傳來

한자漢字는 기원전 2,700년경 중국의 창힐蒼頡이 새의 발자국을 보고 만들었다고 흔히 이야기한다. 그러나 이것은 전설일 뿐이고, 대략 3,000~5,000년 전에 만들어졌을 것이라고 추정하기도 하며, 하夏나라 때에 문자가 있었다고 주장하는 사람도 있다.

창힐蒼頡

현재 발견된 것 중 한자의 기원과 관계되는 것은 반파半坡 등 앙소仰韶문화 유적지에서 출토된 것으로, 지금부터 약 6,000년 전의 도문陶文들인데, 많은 학자들로부터 문자의 성질을 갖추고 있다고 인정받고 있다.

반파도문半坡陶文

또한 4,000~5,000년 전의 것으로 보이는 도화圖畫식 도문陶文 중에 태양, 불(구름), 산으로 구성되어 있는 '상형부호'가 산동성 대문구大汶口에서 발견되었는데, 이것을

학자들은 '단旦'자로 간주한다. 이러한 것들
이 한자의 시원始原이라 하겠다.

대문구大汶口 유적지
출토 부호符號

그런데 3,000~5,000년 전에 사용된 글자
는 표의문자表意文字가 아니라 표음문자表音文
字일 것이라는 주장도 있다. 이 주장대로라
면, 한자는 표의문자이므로, 그 당시의 문자
는 한자가 아니었다는 말이 된다. 이러한 주
장을 펴는 근거는 이렇다.

공자孔子의 후손은 진시황秦始皇의 분서갱유
焚書坑儒(B.C. 213)에 대비해 공자의 저서를 집 담벼락 속에 감추어놓
았다고 한다. 훗날 한漢나라 경제景帝(재위 B.C. 157~B.C. 141) 때에 공
자의 집을 허물고 책을 꺼냈을 때는 아무도 그 글을 읽을 수 있는
사람이 없었다. 오직 공자의 후손인 공안국孔安國(공자의 12세손)만이
그 고문古文을 읽을 수 있어 무제武帝(재위 B.C. 141~B.C. 87) 때 이를
한문漢文[금문今文]으로 번역했다는 것이다.

한자는 갑골문자에서 전서篆書로 발전하고 이어 예서隷書, 해서楷
書로 변천되었다고 본다. 갑골문은 말할 것도 없고 대전大篆, 소전小
篆으로 구분하는 전서는 의식용·주술용 상형문자象形文字였기 때문
에 상용 문자로 사용할 수 없었다. 한자가 상용 문자로 사용된 것은
전서를 간소화한 예서가 등장하면서부터이고, 해서가 보급되면서
제대로 된 문자로 기반을 잡게 되었다. 예서와 해서가 등장한 것이
한漢나라 때이므로 - 그래서 이 문자를 한문漢文, 한자漢字라고 한다. - 그
이전에 사람들이 능숙하게 사용하였던 문자는 한자가 아닌 다른 문

자였을 것으로 추측하는 사람도 있다.

한편, 공자의 집 담벼락에서 나온 책이 과두문자蝌蚪文字라고 알려져 있는데, 이 책들이 표의문자로는 나타낼 수 없는 내용을 담고 있는 점으로 보아 과두문자는 한글과 같은 표음문자였을 것으로 추정하기도 한다. 그러나 이는 호사가들의 이야기이고 아쉽게도 과두문자는 전해지지 않는다.

이러한 근거를 들어 한자가 훨씬 뒤에 만들어졌을 것으로 추론하기도 한다. 그러나 이러한 의견은 현재 학계의 지배적인 의견과는 상충되는 것이다.

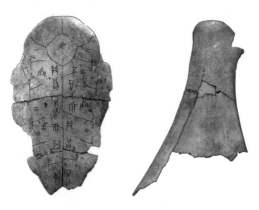

갑골문甲骨文

한자를 만든 방법에 대해서는 뒤에서 자세히 설명하겠지만, 고대 문자의 기원이 일반적으로 그러하듯, 한자 역시 회화繪畵에서 시작된 것으로 본다. 은허殷墟(은나라 자취)에서 발견된 갑골문자甲骨文字 (거북이의 껍질[龜甲]과 짐승의 뼈[獸骨]에 새긴 문자) 등이 한자의 원형

原形이라고 하겠는데, 이 상형문자象形文字는 회화적繪畫的인 특징을 가지고 있는 것이다. 즉 한자漢字 자체字體의 변천變遷은 '그림에서 기호記號'로 발전해가는 과정이라고 할 수 있다. 갑골문甲骨文 → 금문金文(동기銅器나 금석金石에 새긴 글자로 은殷·주대周代의 것) → 고문古文(공자의 집 담에서 나온 ≪고문상서古文尙書≫ 등에 썼던 글자) → 전서篆書 → 예서隸書 → 해서楷書 → 행서行書 →초서草書로 변천되었다고 보는 것이 전통적인 견해이다.

갑골문	금문	전서(소전)	예서	해서	행서	초서

오늘날 우리들이 사용하는 정자체正字體가 해서인데, 이 자체는 한漢나라 때에 와서 출현하기 시작한다. 따라서 우리들이 한자漢字·한문漢文이라고 할 때의 '한漢'은 한족漢族을 가리킨다기보다는 한漢나라를 뜻한다고 보아야 한다.

한자의 자수字數는 얼마나 될까? 1세기경 후한後漢 때 허신許愼의 ≪설문해자說文解字≫에 실려 있는 글자는 9,000여 자이다. 그 뒤 18세기경 청대淸代에 만들어진 ≪강희자전康熙字典≫에는 49,030자가 실려 있다. 그러나 현재는 약 60,000여 자에 이를 것으로 추정한다. 허신의 ≪설문해자≫는 당시의 글자를 소전小篆에 근거하여 한자의 구조構造와 의미를 설명한 것인데, 최고最古의 자전字典이라는 가치를 인정한다면 한나라 이후로 그동안 상당한 정도의 자수字數 증가를 보이고 있음을 알 수 있다. 한자는 '만들어지고 있는 글자'인 것이다.

한자가 우리나라에 들어온 것은 삼국시대三國時代 이전이다. 여타의 문화와 마찬가지로 중국과 접촉하는 과정에서 전래되었으리라고 짐작된다. 그런데 중요한 점은 중국의 문자를 이용해 우리말에 알맞게 활용되었다는 사실이다. 이두吏讀·향찰鄕札·구결口訣(입겿) 등이 그것으로, 한자 전래 과정에서 우리나라만의 한자를 만들어 사용한 것은 자연스러운 현상이라고 할 수 있다.

2장 한자漢字의 구조構造와 육서六書

한자는 표의문자表意文字로서 형形·음音·의義 세 요소로 구성되어 있다. 이를 한자의 삼요소三要素라고 한다. '형形'이란 글자마다의 고유한 형태를 말하며, 다른 한자와 구별할 수 있게 한다. '음音'은 글자가 가지고 있는 고유한 소리〔聲〕를 말하며, 우리말에서는 한 글자에 하나의 음을 갖는 것을 원칙으로 한다. '의義'란 각 글자가 갖는 뜻을 말한다.

形	音	義
靑	청	파랗다

≪설문해자說文解字≫의 저자인 허신許愼은 구성 요소의 결합에 따라 여섯 가지 종류로 한자를 분석하여 설명했다. 이를 '육서六書'라고 한다.

1. 상형象形

사물事物의 모양을 본떠서 만든 글자이다.

㉎ 月, 川, 山, 鳥, 馬, 龜 등

2. 지사指事

추상적인 상태狀態나 수량數量을 기호記號로 나타낸 글자이다.

　㉘ 上, 中, 下, 夫 등

3. 회의會意

이미 각각 뜻을 가지고 있는 두 글자가 모여 새로운 뜻을 가진 글자로 만들어진 것이다.

　㉘ 信 → 人 + 言　　　　明 → 日 + 月　　　　東 → 木 + 日

4. 형성形聲

이미 만들어진 두 글자가 하나는 음 기능을 하고, 하나는 뜻 기능을 하면서 새로운 글자로 만들어진 것이다.

　㉘ 淸 → 水(뜻) + 靑(음)　　　　　梧 → 木(뜻) + 吾(음)

❏ 음 부분이 완전히 동일하지 않고 초성初聲이나 중성中聲이 바뀌는 경우가 있다.

　㉠ 汗 → 水(뜻) + 干(음)

　　•음 부분 '간干'이 '한汗'으로 초성이 바뀌었다.

　㉡ 江 → 水(뜻) + 工(음)

　　•음 부분 '공工'이 '강江'으로 중성이 바뀌었다.

❏ 음 부분이라고 해서 아무런 의미가 없는 것은 아니다. 음을 나타내는 글자 역시 새로 만들어지는 글자와 어떠한 관계가 있기

때문에 사용된 것이다.

㉠ 怒(노 화내다) → 奴(음) + 心(뜻)

- 음부분에 奴(노 노비)를 취한 것은 '노비'는 주인에게 야단맞으면 주인의 면전에서는 순종하지만 안 보는 곳에 가서는 화를 잘 낸다는 것에서 따온 것이라고도 한다.

㉡ 沐(목 머리감다) → 水(뜻) + 木(음)

- 음에 木을 취한 것은 머리감을 때 '나무'를 태워서 만든 재에 물을 부어 받은 잿물로 머리를 감기 때문에 사용한 것이다.

❑ 회의자와 형성자는 두 글자가 합쳐져서 이루어지는 것은 같으나 형성자에는 음 부분을 담당하는 요소가 있다는 점에서 구별된다.

5. 전주轉注

이미 만들어진 글자의 본뜻에서 다른 뜻으로 파생·전용되면서 만들어진 글자이다.

㉮ 樂 : 음악(악) → 즐겁다(락) → 좋아하다(요)

㉯ 說 : 말씀(설) → 기쁘다(열) → 달래다(세)

㉰ 老 : 늙다(로) → 익숙하다(로)

6. 가차假借

뜻은 다르지만 음音이 유사한 한 글자가 다른 글자를 대신하여 사용되는 것, 주로 외국어를 표기할 때 사용되는 방법이다.

㉲ 亞細亞, 佛陀, 林肯(링컨), 丁丁(나무 찍는 소리)

〈전주와 가차의 구분〉

전주轉注	가차假借
㉠ 원 뜻을 확대시켜 사용	㉠ 음音이나 모양이 같아서 차용借用
㉡ 음은 바뀔 수 있으나 뜻은 원래의 뜻과 관계 있음	㉡ 음은 그대로이나 의미는 전혀 달라짐
㉢ 동자이훈同字異訓이 원칙	㉢ 이자동음異字同音이 원칙

❏ 이 책에서 제시한 전주와 가차에 대해서는 여러 가지 학설이 있다. 교육과정평가원의 ≪교육과정 해설서≫에는 전주와 가차에 대해 " '전주'와 '가차'는 이미 만들어진 글자를 응용하는 원리이다. '전주'와 '가차'는 학설이 다양하여 학습에 혼동을 주므로, '상형', '지사', '회의', '형성'을 위주로 학습한다."라고 기술해두었다. 이 책에서는 가장 대표적인 학설을 제시해두었다.

3장 한자어漢字語의 구조構造

여기서 한자어漢字語는 한 글자〔江, 山 등〕또는 둘 이상의 한자漢字가 합쳐져서 만들어진 단어나 문장만을 대상으로 한다. 한자어가 만들어질 때에는 다음의 여러 경우와 같이 일정한 구성원리가 작용한다.

1. 주술관계主述關係 (주어+서술어)

문자 그대로 '주어+서술어'로 이루어진 한자어의 짜임이다. 사실 주어와 서술어가 결합된 것은 이미 문장의 기본을 갖춘 것이다. 따라서 문장으로 분류할 수 있으나, 우리가 일상생활에서 흔히 쓰는 짧은 단어들은 문장이라 할 수 없으므로 한자어로 분류하는 것이다. 주술관계는 어순語順이 우리말과 같으며 'A가 B함'으로 풀이한다.

⑦ 天高 (하늘이 높음) 　　　⑭ 水明 (물이 맑음)

⑭ 夜深 (밤이 깊음) 　　　　⑭ 春來 (봄이 옴)

⑭ 花發 (꽃이 핌) 　　　　　⑭ 年少 (나이가 어림)

2. 술목관계述目關係 (서술어+목적어)

술목관계란 '서술어+목적어'로 이루어진 한자어의 짜임이다. 우리말은 목적어가 서술어 앞에 오지만, 한문에서는 주로 서술어가 목적어 앞에 온다. 이와 같은 방식으로 이루어진 한자어의 짜임을 '술목 관계'라 한다. 'A를 B함' 또는 'B를 A함'으로 풀이한다.

㉮ 讀書 (책을 읽음)　　　㉯ 採石 (돌을 캐어냄)

㉱ 樂山 (산을 좋아함)　　　㉲ 成功 (공을 이룸)

㉳ 溫故知新 (옛것을 익혀 새것을 앎)

3. 술보관계述補關係 (서술어+보어)

'서술어+보어'로 이루어진 한자어의 짜임을 말한다. 우리말 어순 과 달리 서술어가 보어 앞에 오므로 '술보관계'라 한다. 대개 '有'나 '無' 뒤에 오는 말은 보어가 되어 '有~, 無~'의 형태는 술보관계를 이 룬다. '~이(가) ~함', '~에(에서) ~함'으로 풀이한다.

㉮ 有利 (이로움이 있음)　　　㉯ 登山 (산에 오름)

㉱ 歸家 (집으로 돌아감)　　　㉲ 報國 (나라에 보답함)

4. 수식관계修飾關係 (수식어+피수식어)

수식이란 '꾸며준다'는 말이다. 따라서 수식관계란 한자어를 이루 는 한자 또는 한자어 사이에 서로 꾸며주고 꾸밈을 받는 관계가 성립 한다는 말이다. 수식관계는 한두 개의 예외를 제외하고는 거의 수식 어(꾸며주는 말)가 앞에 오고 피수식어(꾸밈을 받는 말)가 뒤에 온다.

수식관계는 형용사, 혹은 관형어가 명사를 꾸며주는 경우와 부사 어가 용언(형용사, 동사)을 꾸며주는 경우로 나누어진다. 'A의 B', 'A 한 B', 'A하게 B함' 등으로 풀이한다.

1) 형용사 + 명사

　㉮ 淸風 (맑은 바람)　　　　　㉯ 孤月 (외롭게 떠 있는 달)

2) 부사 + 형용사

　㉮ 至高 (매우 높음)　　　　　㉯ 極甚 (몹시 심함)

3) 부사 + 동사

　㉮ 力走 (힘껏 달림)　　　　　㉯ 高飛 (높이 낢)

5. 병렬관계並列關係

서로 같은 비중을 가지고 있는 한자 또는 한자어가 모여 한자어를 이룰 때, 그 한자어의 짜임을 병렬관계라 한다. 병렬관계는 다시 상대관계相對關係, 대등관계對等關係, 유사관계類似關係 등으로 나뉜다.

1) 상대관계相對關係 : 뜻이 상대相對되는 글자가 모인 구조

문자 그대로 상대적인 뜻을 가진 한자 또는 한자어가 나란히 놓여 이루어진 한자어의 짜임을 말한다. '~와 ~'으로 풀이한다. 예를 들어 '천지天地'의 '天'은 '하늘'의 뜻이고, '地'는 '땅'의 뜻이다. 두 글자의 뜻이 서로 상대적이므로 '天地'는 상대관계의 한자어가 되며 해석은 '하늘과 땅'으로 한다. 상대관계를 '대립對立관계'라고도 한다.

　㉮ 明暗 (밝고 어두움)　　　　㉯ 多少 (많고 적음)

　㉰ 喜怒 (기쁨과 화남)　　　　㉱ 淸濁 (맑고 흐림)

　㉲ 出入 (들어오고 나감)

2) 대등관계對等關係 : 뜻이 대등對等한 글자가 모인 구조

대등관계는 상대관계(대립관계)와 혼동하기 쉽다. 대립관계는 한자어를 이루는 한자 또는 한자어가 완전히 반대말로 구성되어 있는데 비해, 대등관계는 어찌 보면 서로 관련이 없는 한자 또는 한자어끼리 나란히 놓여 이루어지는 한자어이다. '매란국죽梅蘭菊竹'의 '매화', '난초', '국화', '대나무'는 서로 아무런 연관성이 없지만 서로 연결하여 하나의 낱말로 사용하는 것이다. 그리고 나중에는 그 낱말에 일정한 의미를 부여하기도 한다. '梅蘭菊竹'을 '사군자四君子'라고 하는 따위가 그것이다.

㉮ 富貴 (부하고 귀함)   ㉯ 草木 (풀과 나무)

㉰ 貴重 (귀하고 중함)   ㉱ 桃李 (복숭아와 오얏)

3) 유사관계類似關係 : 뜻이 유사類似한 글자가 모인 구조

서로 같거나 비슷한 한자 또는 한자어가 나란히 놓여 이루어지는 한자어의 짜임을 말한다. 해석은 두 글자 가운데 하나만 하거나, 두 한자가 종합된 좀 더 큰 뜻으로 하면 된다. 예를 들면 '충돌衝突'이라는 낱말은 '衝(충 부딪치다)'과 '突(돌 부딪치다)'이 합쳐져 만들어진 한자어이다. 앞에 나온 '衝'과 뒤에 나온 '突'이 모두 '부딪치다'라는 의미를 가지고 있으므로 이 경우 '衝突'은 유사관계가 되는 것이다.

㉮ 海洋 (바다)   ㉯ 存在 (있음)

㉰ 永久 (오램)

2부 품사品詞와 문형文型

1장 한문漢文의 품사品詞

'품사'는 단어를 기능, 형태, 의미에 따라 나눈 갈래를 일컫는다. 현재 우리나라 학교문법에서는 명사名詞, 대명사代名詞, 수사數詞, 동사動詞, 형용사形容詞, 관형사冠形詞, 부사副詞, 감탄사感歎詞, 조사助詞의 아홉 가지로 분류한다. 이는 물론 '국어문법'의 경우이고 한문문법은 이와는 약간 달리 구분한다.

한문의 단어는 문장에서 어떻게 쓰이느냐에 따라 품사가 바뀌기도 한다. '食'은 '먹다'라는 동사이면서 명사로는 '밥'의 뜻으로 쓰이며, '밥'의 뜻일 경우는 '사'라고 읽는다. 즉 '食'은 '먹을 식·밥 사'로 쓰이는 것이다. 우友는 명사로 '친구'이며, 동사로 '사귀다', 형용사로는 '우애스럽다'이다. 이처럼 한문에서의 품사는 그 글자 혹은 단어가 문장에서 어떠한 구실을 하는지를 함께 살펴 이해해야 한다. 따라서 한문을 독해할 때 품사가 무엇인지를 아는 것보다는 문장에서 어떤 구실을 하는지 파악하는 것이 중요하다.

또한 한문의 품사에서 반드시 알아야 할 점은, 실제의 뜻을 가진 한자가 있는 반면 단지 문법적 기능만을 하는 한자가 있다는 것이다. 뜻을 가진 글자는 실사實詞라고 하고, 문법적 기능을 하는 글자를 허사虛詞라고 한다. 실사로는 명사名詞, 대명사代名詞, 수사數詞, 동사動詞, 형용사形容詞, 부사副詞 등이 있고, 허사로는 보조사補助詞, 접속사接續

詞, 감탄사感歎詞, 전치사前置詞, 후치사後置詞, 종결사終結詞 등이 있다.

1. 명사名詞

사물의 이름을 나타내는 품사이다. 특정한 사람이나 물건에 쓰이는 이름이냐 일반적인 사물에 두루 쓰이는 이름이냐에 따라 고유명사固有名詞와 보통명사普通名詞로 나뉘는데, 이를 합쳐 '완전명사完全名詞'라고 한다. 한편 자립적으로 쓰이지 못하고 그 앞에 반드시 꾸미는 말이 있어야 하는 명사를 '의존명사依存名詞'라고 한다.

1) 완전명사

   ㉮ 孔子問禮於老子 : 공자가 노자에게 예禮를 물었다.

   ㉯ 家和萬事成 : 집이 화목해야 만사萬事(모든 일)가 잘된다.

   ㉰ 春來花滿地 : 봄이 오니 꽃이 땅에 가득하다.

   ❏ 禮(예절), 義(의로움), 忠(충성) 등과 같이 사물이나 사람의 성질을 나타내는 명사를 '추상명사抽象名詞'로 달리 구분하는 경우도 있으나 구분하는 것이 오히려 번거롭다.

2) 의존명사 : 者, 所 등이 있는데, 者는 '~사람, ~라는 것'의 뜻으로 풀이하며, 所는 '~하는 바'로 풀이한다.

   ㉮ 孝者百行之本也 : 효라는 것은 모든 행동의 근본이다.

   ㉯ 吾與子之所共樂也 : 나와 네가 함께 즐기는 바이다.

   ❏ '者'는 앞 단어의 수식을 받는 데 반해, '所'는 뒤에 나오는 서술어의 수식을 받는다는 점에 유의하여야 한다. 단 '所以'는 '까닭·이

유'의 뜻을 나타내는 경우가 있다.

❑ 명사가 문장에서 동사, 혹은 부사 역할을 하는 경우가 있다.

　　㉠ 范增數目項王 : 범증이 항왕에게 여러 번 눈짓했다.

　　　• 目이 동사로 사용되었다.

　　㉡ 庶民子來 : 백성들이 자식처럼 왔다.

　　　• 子가 부사로 사용되었다.

🈩 밑줄 친 부분에 유의하여 다음 글을 해석해보자.

　　㉮ 不敢請耳 <u>固所願</u>

　　㉯ 其<u>所以</u>異於深山之野人者 幾希

　　㉰ 彼知美矉 而不知矉之<u>所以</u>美

🈔 ㉮ 감히 청하지 못할 뿐이지, 진실로 원하는 바입니다.

　　㉯ 깊은 산속의 야인과 다른 바가 거의 없다.

　　㉰ 그는 찡그린 것이 아름다운 줄만 알았지 찡그린 것이 아름다운 이유는 몰랐다.

2. 대명사代名詞

　사람이나 사물의 이름을 대신 나타내는 말, 또는 그런 말들을 지칭하는 품사이다. 인칭대명사人稱代名詞와 지시대명사指示代名詞, 그리고 의문대명사疑問代名詞로 나뉜다.

1) 인칭대명사 : 사람을 가리키는 대명사이다.

(1) 1인칭 : 我(나), 吾(나, 우리), 余(나), 予(나), 朕(나), 己(나), 身 (나, 자신), 小人(저, 나) 등

㉮ 吾嘗終日而思矣 : 나는 일찍이 종일토록 생각했다.

㉯ 今我若入彼見害 則公其無心乎 : 지금 내가 만약 저들(고구려)에 들어가 해를 당한다면 공이 무심할 수 있겠소?

㉰ 百濟王心迹淳至 朕已委知 : 백제왕의 마음이 순박하고 지극한 것은 내가 이미 잘 알고 있다.

❑ 朕(짐)은 원래 1인칭 대명사로 쓰였는데 후대로 오며 임금이 자신을 낮추어 지칭하는 말로 쓰이게 되었다.

(2) 2인칭 : 子(너), 若(너), 汝(女)(너), 爾(너), 而(너), 君(그대, 당신), 乃(너), 公(당신), 先生(선생), 二三子(너희들) 등

㉮ 若能入而國武庫 割破鼓角 : 만약 너의 나라 무기고에 들어가 북과 나팔을 찢고 깨뜨릴 수 있다면.

• 맨 앞 글자 若을 '너'라는 2인칭 대명사로 보는 경우도 있다.

㉯ 且與其死於臣子之手也 無寧死於二三子之手乎 : 또한 나는 신 臣(장사 지내는 사람)의 손에 죽느니, 차라리 너희들의 손에 죽겠다.

❑ 二三者는 '너희들'이라는 복수로 쓰이고, 君·公·先生 등은 존칭이다.

(3) 3인칭 : 彼(저), 他(그), 或(어떤 사람), 公(당신), 伊(저), 厥(그),

其(그) 등

㉮ 彼丈夫也 吾亦丈夫也 : 그도 장부이고 나도 장부이다.

(4) 부정칭否定稱 : 某(아무개), 皆(모두, 다), 或(어떤 사람)

㉮ 天下之民 皆引領而望之矣 : 천하의 백성들이 모두 목을 늘이고
바라볼 것이다.

2) 지시대명사 : 어떤 사물이나 처소 따위를 이르는 대명사로, 우리
말로는 '이것', '그것', '모두' 등에 해당한다.

(1) '이것'의 의미 : 是, 此, 斯, 玆, 寔 등

㉮ 嗚呼老矣 是誰之愆 : 아아! 늙었구나, 이것이 누구의 허물인가?

㉯ 若吾斯織也 : 내가 이 옷감을 자르는 것과 같다.

(2) '그것, 그곳'의 의미 : 彼, 其, 他, 厥, 之, 諸 등

㉮ 決諸東方則東流 : 이것(여울물)을 동방으로 터놓으면 동쪽으로
흐른다.

• 諸는 '之於(~에 그것)'의 축약형으로 '저'로 읽는다.

㉯ 肝尙在彼 何不廻歸 : 간이 아직 그곳에 있으니 어찌 돌아가지
않으리오?

(3) 부정칭 : 或(어떤), 皆(모두), 各(각각), 某(모) 등이 사물을 가
리키는 경우

㉮ 獸見之 皆走 : 짐승들이 그(호랑이)를 보고 모두 달아났다.

㉯ 鄭子産曰 某日有災 : 정자산이 말하기를 "아무 날 재앙이 있으

리라." 하였다.

3) 의문대명사 : 의문의 뜻을 나타내는 대명사로 '誰, 何, 安, 孰, 爲, 胡' 등이 사용되며, 우리말로는 '누구', '무엇', '어디' 등에 해당한다.

⑦ 漢陽中誰最富 : 한양에서 누가 제일 부자이냐?

⑭ 王坐於堂上 有牽牛而過堂下者 王見之曰 牛何之 : 왕이 당상에 앉아 있는데, 소를 끌고 당 아래를 지나가는 사람이 있었다. 왕이 보고 "소는 어디로 가는가?"라고 했다.

⑮ 今蛇安在 : 뱀은 지금 어디 있느냐?

㉐ 孰能無惑 : 누군들 의혹이 없을 수 있겠는가?

🔠 다음 글을 대명사에 유의하여 해석하고, 밑줄 친 之에 대하여 설명해 보자.

楚有祠者 賜其舍人卮酒 舍人相謂曰 數人飮之不足 一人飮之有餘 請畫地爲蛇 先成者飮酒 一人 蛇先成 引酒且飮之 乃左手持卮 右手畫地曰 吾能爲之足 未成 一人之蛇成 奪其卮曰 蛇固無足 子安能爲之足 遂飮其酒 爲蛇足者終亡其酒

🔠 초나라에 제사를 지내는 자가 있었는데, 하인에게 술 한 잔을 내려주자 하인들이 서로 말하기를 "여러 사람이 마시기에는 부족하고 한 사람이 마시기에는 여유가 있으니, 청컨대 땅에 뱀을 그려서, 먼저 완성한 자가 술을 마시도록 하자." 하였다.

한 사람이 뱀을 먼저 완성하여 술을 당겨 장차 마시려고 하면서 왼손으로는 잔을 잡고 오른손으로 땅에 그리며 "나는 <u>그것</u>(뱀)의 발을 그릴 수 있다."
하였다. 아직 〈발이〉 다 이루어지지 않았는데, 다른 한 사람이 뱀을 다 그리
고서 잔을 빼앗으며 말하기를 "뱀은 본디 발이 없다. 그대가 어찌 <u>그것</u>의 발
을 그릴 수 있는가?" 하고는, 드디어 그 술을 마셔버렸다. 뱀의 발을 그렸던
자는 끝내 술을 잃고 말았다.

- 밑줄 친 '之'는 대명사로 '蛇(뱀)'를 가리키는 대명사이다.

3. 수사數詞

사물의 수량이나 순서를 나타내는 품사로 '수대명사·수량대명사'
라고도 한다.

㉮ 亡一羊 何追者之衆 : 한 마리 양을 잃어버렸는데, 어찌 쫓는 사
람이 많은가?

㉯ 紂有億兆人 離心離德 不如周家十亂同心同德 : 주紂에게는 억조
의 백성이 있었으나, 인심이 떠나고 덕이 떠나버려 주周나라 열
명의 신하가 같은 마음 같은 뜻을 가진 것만 못하였다.

4. 동사動詞

사물의 동작이나 작용을 나타내는 품사로, 성질에 따라 자동사自
動詞와 타동사他動詞로 나뉘며, 문장에서 대개 서술어 역할을 한다.
1) 자동사 : 목적어를 취하지 않는 동사

㉮ 月出 : 달이 뜬다.

ⓓ 鳥鳴 : 새가 운다.

ⓔ 强秦之爲漁父也 : 강한 진나라가 어부가 되다.

- 爲와 같이 보어를 취하는 동사를 '불완전 자동사'라고도 한다.

2) 타동사 : 목적어를 취하는 동사

㉮ 仁者樂山 : 어진 사람은 산을 좋아한다.

㉯ 投金於水 : 물에 금을 던지다.

5. 형용사形容詞

사물의 성질이나 모양·상태를 나타내는 품사로 수식어修飾語·서술어敍述語의 역할과 명사名詞·부사副詞의 역할을 한다.

1) 수식어 역할

㉮ 白雲 : 흰 구름.

㉯ 此地有崇山峻嶺 : 이 땅에는 높은 산과 가파른 고개가 있다.

2) 서술어 역할

㉮ 水淸 : 물이 맑다.

㉯ 利於病 : 병에 이롭다.

㉰ 對笑顔 唾亦難 : 웃는 얼굴을 대하면 침 뱉기 또한 어렵다.

3) 명사 역할

㉮ 小固不可以敵大 寡固不可以敵衆 弱固不可以敵强 : 작은 것은 큰

것을 대적하지 못하며, 적은 것은 많은 것을 대적하지 못하며, 약한 것은 강한 것을 대적하지 못한다.

4) 부사 역할

㉮ 門人厚葬之 : 문인들이 후하게 장사 지냈다.

㉘ 다음 밑줄 친 형용사가 문장에서 어떠한 역할을 하는지 알아보고 풀이해보자.

夫 大 國 難 測 也

㉠ 무릇 큰 나라는 헤아리기(알기) 어렵다.
- 大 : 수식어 역할　　　難 : 서술어 역할　　　測 : 명사 역할

6. 부사副詞

다른 말 앞에 놓여 그 뜻을 분명하게 하는 품사로, 대개 동사나 형용사 또는 다른 부사를 수식하여 정도程度·시간時間·의문疑問·반어反語 등을 나타낸다.

1) 정도 : 最(가장), 甚(매우), 至(지극히), 極(극히), 必(반드시), 益(더욱), 常(항상), 太(크게), 尙(오히려, 아직), 畢(끝내), 殆(거의), 凡(대개, 무릇), 全(온전히), 僅(겨우), 都(모두) 등

㉮ 去者必反 : 간 것은 반드시 돌아온다.

㉯ 漢陽中誰最富 : 한양에서 누가 가장 부자인가?

ⓑ 事甚急 : 일이 매우 급하다.

ⓐ 水至淸則無魚 人至察則無徒 : 물이 지극히 맑으면 고기가 없고, 사람이 지극히 살피면 무리가 없다.

2) 시간 : 今(이제, 지금), 方(바야흐로, 막), 始(비로소), 遂(드디어), 適
(마침), 昔(예전에), 初(처음에), 嘗(일찍이), 曾(일찍이), 嚮(지난번),
向(지난번), 旣(이미), 已(이미), 將(장차), 且(장차), 俄(잠시 뒤 = 俄
而, 已而, 業已, 少選, 少選之間, 少焉) 등

㉮ 陽春方來 : 따뜻한 봄이 바야흐로 오다.

㉯ 嘗映雪讀書 : 일찍이 눈에 비추어 책을 읽었다.

㉰ 昔有桓因庶子桓雄 : 옛날에 환인의 서자庶子 환웅이 있었다.

㉱ 子之君 將行仁政 : 그대의 군주가 장차 인정仁政을 행하려 한다.

㉲ 少焉 月出於東山之上 徘徊於斗牛之間 : 잠시 뒤에 달이 동산의
위로 떠서 남두성과 견우성 사이에서 배회하다.

3) 의문 : 何(무엇), 豈(왜, 어찌) 등

㉮ 何以知其然耶 : 어떻게 그러함을 아는가?

㉯ 諸公豈不諒只 : 여러분들은 어찌하여 헤아리지 못하는가?

4) 반어 : 何, 豈, 安, 焉, 寧, 奚, 曷, 惡, 庸, 胡 등은 대개 '어찌(~이
리오?)'의 뜻으로 풀이된다.

㉮ 王侯將相 寧有種乎 : 왕후장상에 어찌 씨가 있으리오?

㉯ 未知生 焉知死 : 삶도 알지 못하는데 어찌 죽음을 알리오?

5) 기타 : 한정限定, 가정假定, 강조强調 등

  ㉮ 直不百步耳 是亦走也 : 다만 백 보가 아닐 뿐이지 이것 역시 도망
    간 것이다. 〔한정〕

  ㉯ 在鄕在京 惟在立志如何耳 : 시골에 있건 서울에 있건 오직 뜻을
    세움이 어떠하냐에 달려 있을 뿐이다. 〔한정〕

  ㉰ 其身不正 雖令不從 : 그 자신이 바르지 않으면 비록 명령한다 해
    도 따르지 않는다. 〔가정〕

  ㉱ 死馬且買之 況生者乎 : 죽은 말 또한 사는데 하물며 산 것이랴?
    〔강조〕

    • 살아 있는 것은 당연히 산다는 의미이다.

    • '況~乎(하물며 ~이겠는가?)'는 '억양형抑揚形'으로 보는 사람도 있다.

問 다음 글을 밑줄 친 '부사'에 유의하여 해석해보자.

伏惟聖朝 以孝治天下 凡在故老 猶蒙矜育 況臣孤苦特爲尤甚

答 엎드려 생각하옵건대, 성조(지금의 조정)에서는 효로서 천하를 다스리시
어 모든 노인들에 있어서도 오히려 '불쌍히 여겨 길러주심(길러주시는 은혜)'
을 입고 있는데, 하물며 저의 외롭고 고달픔이 특히 더욱 심함(심한 경우)에
있어서겠습니까?

7. 보조사補助詞

서술어(동사·형용사)를 보조하는 역할을 하는 품사이다. 조동사助動詞로 구분한 경우가 있는데, 한문은 우리말과 같이 동사뿐 아니라 형용사 역시 서술어 역할을 하므로 동사를 돕는다는 의미의 조동사로 구분하는 것은 모순이 있어, 서술어를 돕는다는 의미로 '보조사'로 구분하였다.

대개 서술어 앞에 놓이며 가능可能, 부정否定, 사동使動, 피동被動, 금지禁止, 미래未來, 욕망慾望, 당위當爲의 의미를 나타낸다.

❑ 영문英文에서는 동사만이 서술어 역할을 하므로 문장성분을 일컬을 때도 서술어 대신 동사라고 한다. 즉 '주어+동사+목적어(보어)'와 같은 방식으로 문장성분을 나타내는데, 서술어 대신 품사인 동사로 말하고 있는 것이다.

1) 가능 : 可(可以), 能(能以), 得(得以), 足(足以)을 사용해 '가능'의 의미를 나타내며, '~할 수 있다', '~할 만하다'로 풀이된다. 可, 能, 得, 足은 실사로 사용될 때는 각각 '좋다', '잘하다', '얻다', '족하다, 발' 등의 뜻이다.

㉠ 水深可知 人心難知 : 물의 깊이는 알 수 있어도, 사람의 마음은 알기 어렵다.

㉡ 生於若此陋邦 其死何足惜 : 이와 같이 누추한 나라에 태어났으니 그 죽음이 어찌 애석하다 할 수 있겠는가?

㉢ 汝能察之 : 너는 그것을 살필 수 있다.

㉣ 五畝之宅 樹墻下以桑 匹婦蠶之 則老者足以衣帛矣 : 다섯 이랑의

집 담 아래에 뽕나무를 심어 아낙이 누에를 친다면 늙은이가 비단
옷을 입을 수 있다.

2) 부정 : 不, 未, 非, 莫, 末 등이 쓰여 '부정'의 의미를 나타내며,
'~않다', '~못하다'로 풀이된다.

㉠ 我未見好仁者 : 나는 인仁을 좋아하는 사람을 보지 못했다.

㉡ 子欲養而親不待 : 자식은 봉양하려 하나 부모는 기다리지 않는다.

3) 사동 : 使, 教, 令, 俾 등이 쓰여 '사역'의 의미를 나타내며, '~로
하여금 ~하게 하다'로 풀이된다.

㉠ 使牛聞之 : 소로 하여금 그것을 듣게 하다.

㉡ 故教流水盡籠山 : 일부러 흐르는 물로 하여금 산을 다 에워싸게
했다.

㉢ 賢婦令夫貴 : 현명한 아내는 남편을 귀하게 한다.

㉣ 俾務學而成功 : 학문에 힘써 공을 이루게 하다.

4) 피동 : 被, 爲~所, 見 등이 쓰여 '피동'의 뜻을 나타내며, '~당하다
(되다)', '~에게 ~당하다(되다)'로 풀이된다.

㉠ 王子被殺於宮中 : 왕자가 궁중宮中에서 살해당하다.

㉡ 盜爲盜所殺 : 도둑이 도둑에게 죽임을 당하다.

㉢ 季子之見侮於其嫂 買臣之見棄於其妻 : 계자는 그 형수에게 업신
여김을 당하고, 매신은 그 아내에게 버림을 당하다.

5) 금지 : 勿, 莫, 毋, 無, 不, 未 등이 쓰여 '금지'의 뜻을 나타내며,

'~마라(말라)'로 풀이된다.

㉮ 莫道人之短 : 남의 단점을 말하지 마라.

㉯ 己所不欲勿施於人 : 자기가 원치 않는 것을 남에게 베풀지 마라.

㉰ 無愧義字 : '의義'라는 글자에 부끄럽지 말게 하라.

6) 미래·욕망 : 欲, 願, 請, 將, 且 등이 쓰여 '미래', '욕망'의 뜻을 나타내며, '~하고자 하다', '~하고 싶다'로 풀이된다.

㉮ 我欲育人材 : 나는 인재를 기르고자 한다.

㉯ 王好戰 請以戰喩 : 왕이 전쟁을 좋아하시니 전쟁으로 비유하고자 합니다.

  • '청컨대'라고 굳이 풀이하지 않아도 된다.

㉰ 天將以夫子爲木鐸 : 하늘이 부자(공자)를 목탁으로 삼으려 하다.

  • '장차'라고 굳이 풀이하지 않아도 된다.

7) 당위 : 當, 宜, 應, 須 등이 쓰여 '당위'의 의미를 나타내며, '마땅히(모름지기) ~해야 한다'로 풀이된다. 문장을 순하게 하기 위해 '마땅히', '모름지기'는 풀이하지 않기도 한다.

㉮ 大丈夫不惜千金 當斬吾馬 佐酒 : 대장부는 천금을 아끼지 않으니, 내 말을 잡아 술안주 해야겠다.

㉯ 人須自省察 : 사람은 스스로 성찰해야 한다.

❑ 보조사 뒤에는 서술어(동사·형용사)가 오는 것이 원칙이나, 동사가 생략되어 혼자 쓰일 때도 있다.

  ㉠ 駑馬可致千里耶 曰可 : 노둔한 말로 천 리를 달릴 수 있는가?

달릴 수 있다.

• '曰可' 뒤에 '致'가 생략되었다.

8. 접속사接續詞

단어와 단어, 구절과 구절, 문장과 문장을 이어주는 구실을 하는 품사이다. '또', '및', '~과'로 풀이되는 단어를 '일반 접속사一般接續詞'라고 하고, 우리말로 '그러나', '그런데', '그리고', '하지만' 등으로 풀이되는 것을 한문에서는 대개 '부사적 접속사副詞的接續詞'라고 일컫는다.

❑ 실제 문장을 풀이할 때 '그러나', '그런데', '그리고' 등은 '~이나', '~한데', '~하고', '~하니' 등으로 표현하기도 한다.

1) 일반 접속사 : 又(또), 且(또), 與(~와), 及(및), 有(또), 如(또는), 若(및), 和(와) 등

㉮ 日日新 又日新 : 날마다 새롭게 하고 또 날마다 새롭게 하라.

㉯ 仁且智 : 어질고 또 지혜롭다.

㉰ 吾與子之所共樂 : 나와 그대가 함께 즐기는 바이다.

㉱ 余及汝偕亡 : 나와 네가 함께 망하리라.

㉲ 吾十有五而志于學 : 나는 열 살에다 또 다섯 살(15세)이 되어서 학문에 뜻을 두다.

㉳ 六七十如五六十 : 육칠십 또는 오륙십.

㉴ 故舊之子若孫 受業者多 而敎誨不倦 : 친구의 아들 및 손자들이

〈그에게〉 배우는 자가 많았으나 가르치는 데 게으르지 않았다.

⑪ 八十里路雲和月 : 팔십 리 길의 구름과 달.

❑ 又·且는 대개 〈서술어가 있는〉 문장을 연결하며, 與·及·和 등은 명사와 명사(명사구)를 연결한다. 한편 如는 '또는, 혹은'의 의미로 풀이된다.

　　㉠ 富且貴 : 부하고 또 귀하다.

　　㉡ 富與貴 : 부와 귀(부유함과 고귀함)

2) 부사적 접속사 : 而, 則, 亦, 然(然而) 등

(1) 而 : 순접順接(그리고, ~하여, ~하니)과 역접逆接(그러나, 그런데, ~이나)의 두 가지 기능이 있다.

　　㉮ 登高山而望四海 : 높은 산에 올라서 온 세상을 본다. 〔순접〕

　　㉯ 樹欲靜而風不止 : 나무는 고요하고자 하나 바람이 그치지 않는다. 〔역접〕

　　❑ 문장이 길어서 현토懸吐하거나 띄어쓰기를 할 경우에는 而 앞에서 끊는다. 그러나 띄어쓰기를 하지 않은 문장을 읽을 때는 而 다음에서 끊어 읽는다.

　　㉠ 樹欲靜이나 而風不止라 〔띄어쓰기〕

　　㉡ 樹欲靜而∨風不止 〔읽을 때〕

(2) 則 : '~이면, ~하면'으로 풀이된다.

　　㉮ 君子不重 則不威 : 군자가 자중하지 않으면 위엄이 없다.

　　❑ 간혹 '즉시'의 의미가 있는 '곧'으로 풀이되는 경우도 있다. 이

는 卽(즉 곧)과 혼용하기 때문이다.

(3) 然(然而) : 독립된 접속사로서 문장 앞에 놓여 '역접'의 접속
사로 쓰인다.

㉮ 然創業之難 往矣 : 그러나 창업의 어려움은 지나갔다.

㉯ 豈以爲非是而不貴也 然而夷子 葬其親厚 則是以所賤事親也 :
어찌 옳은 것이 아니라고 귀하게 여기지 않겠는가? 그러나 이자
夷子는 그 어버이를 장사 지냄이 후했으니, 그렇다면 이는 천한
바로써 그 어버이를 섬긴 것이다.

🈁 다음 글을 밑줄 친 접속사에 유의하여 풀이해보자.

> 不知而自以爲知 百禍之宗也

🈁 알지 못하나 스스로 안다고 여기는 것이 모든 재앙의 근본이다.

9. 감탄사感歎詞

말하는 이의 본능적인 놀람이나 느낌, 부름, 응답 따위를 나타내
는 말이다. 독립적인 문장을 이루는데 惡(아!), 噫(아!), 於呼(아아!),
嗚呼(오호라!) 등이 있다.

㉮ 惡 是何言也 : 아! 이 무슨 말이냐.

• 감탄사로 쓰일 때 '惡'의 음音은 '오'이다.

ⓗ 噫 天喪予 : 아! 하늘이 나를 버렸구나.

ⓘ 於呼 國恥民辱至於此乎 : 아아! 나라의 부끄러움과 백성의 욕됨
이 여기에 이르렀구나.

ⓙ 嗚呼 哀哉 : 오호라! 슬프구나.

• 감탄사로 쓰일 때 '於'의 음음은 '오'이다.

10. 전치사前置詞

명사나 명사구 앞에 놓여 다른 명사나 명사구와의 관계를 나타내
는 품사이다. 한문 해석의 관건이 전치사를 제대로 이해했느냐의 여
하에 달려 있다고 해도 지나친 말이 아닐 정도로 쓰임이 다양하다.
전치사는 '일반 전치사一般前置詞'와 '전성 전치사轉成前置詞'로 나눌 수
있다. 일반 전치사를 '본래 전치사'라고도 하며, 전성 전치사는 본연
의 뜻을 가진 실사實詞가 전치사로 기능이 바뀐 것을 말한다.

1) 일반 전치사 : 於, 于, 乎 등이 있으며 우리말 중에 체언 뒤에 붙
는 조사인 '~에, ~에서, ~에게, ~로' 등에 해당한다. 즉 장소·대
상·유래·이유·피동·정도·비교 등을 나타낸다.

㉮ 微時行役 憩于路上 : 한미했을 때에 가다가, 길가에서 쉬었다.
〔장소〕

㉯ 出乎爾者 反乎爾者 : 너에게서 나온 것은 너에게로 돌아간다.〔대상〕

㉰ 令於軍中 : 군중軍中에 명령을 내리다.〔대상〕

㉱ 苛政猛於虎 : 가혹한 정치는 호랑이보다 사납다.〔비교〕

㉱ 國之語音異乎中國 : 우리나라의 말이 중국과 다르다. 〔비교〕

㉲ 福生於淸儉 : 복福은 청렴·검소에서 생긴다. 〔유래〕

㉳ 或病於大勞 或病於飮酒 : 혹 심한 피로 때문에 병이 나고, 혹 음주 때문에 병이 난다. 〔이유〕

㉴ 勞心者治人 勞力者治於人 : 마음을 수고롭게 하는 자는 남을 다스리고, 몸을 수고롭게 하는 자는 남에게 다스려진다. 〔피동〕

㉵ 用於國則以死報國 : 나라에 쓰이면 죽음으로써 나라에 보답한다. 〔피동〕

㉶ 可以賞 可以無賞 賞之 過乎仁 : 상 줄 만하기도 하고 상 주지 않을 만하기도 한데 상을 준다면 인仁에 지나친다. 〔정도〕

❏ 전치사가 목적어를 수반하는 경우도 흔히 있다.

　㉠ 三年 無改於父之道 可謂孝矣 : 3년 동안 아버지의 도를 고침이 없어야 효라고 말할 수 있다.

　㉡ 未聞以道殉乎人者也 : 도로써 다른 사람을 따른다는 것을 듣지 못했다.

🈑 다음 글을 밑줄 친 於에 유의하여 해석해보자.

> 孟子曰 孔子登東山而小魯 登太山而小天下 故觀於海者 難爲水
> 遊於聖人之門者 難爲言

🈞 맹자가 말하기를 '공자는 동산에 올라 노나라를 작게 여겼고, 태산에 올라 천하를 작게 여겼다. 그러므로 바다를 구경한 자에게는 〈큰〉 물 되기

어렵고, 성인의 문하에서 유학한 자에게는 〈훌륭한〉 말 되기 어렵다(적수가 되기 어렵다).

2) 전성 전치사 : 以, 爲, 自, 從, 由, 與 등이 있는데, 도구道具·자격 資格·원인原因·시발始發·동반同伴 등을 나타낸다.

❑ 원래 以는 '사용하다', 爲는 '하다·되다', 自는 '스스로' 등의 뜻을 갖는데 전치사로 전성되어 쓰인다.

(1) 以 : ~으로써, ~때문에(이유)

㉠ 君子以德報怨 : 군자는 덕으로써 원한을 갚는다.

㉡ 況陽春召我以煙景 : 하물며 따뜻한 봄이 안개 낀 경치로 나를 부르는 데 있어서랴.

㉢ 入道 莫先於窮理 窮理 莫先於讀書 以聖賢用心之迹 及善惡之 可效可戒者 皆在於書故也 : 도에 들어가는 것은 궁리보다 앞서 는 것이 없고, 궁리는 독서보다 앞서는 것이 없으니, 성현들이 마음 쓴 자취와 선악의 '본받을 만하고 경계할 것'이 모두 책에 있기 때문이다.

• '以'는 '故'와 어울려 이유를 나타내고 있다.

❑ 以의 다른 쓰임

㉠ 良有以也 : 진실로 까닭이 있다. 〔명사〕

㉡ 三月無君則弔 不以急乎 : 3개월 동안 군주가 없으면(벼슬하지 못 하면) 위로한다는 것은 너무 급하지 아니합니까? 〔부사＝已·太〕

❑ '以' 뒤에 '之' 등의 대명사가 오는 경우 대체로 그 대명사가 생략된다. 따라서 以만 남게 되는데, 다음과 같은 경우이다.

㉠ 獻玉者曰 以示玉人 玉人以爲寶 故獻之 : 옥을 바치는 사람이 말하기를 "〈그것으로써〉 옥을 감정하는 사람에게 보였더니 옥을 감정하는 사람이 보물이라고 하더라. 고로 바치는 것이다."

• '以示玉人'에서 '以' 다음에 옥을 지칭하는 대명사가 생략되었다. 따라서 '以之示玉人(그것으로써 옥인玉人에게 보였더니)'이라고 해야 하는데, 之는 없어도 되는 글자이므로 생략된 것이다. 따라서 '以'는 흔적으로 남은 것인데, 어떤 이들은 이것이 순접의 접속사 '而'와 같은 역할을 하는 것으로 보고 접속사로 다루기도 한다. 다음의 경우도 마찬가지이다.

㉡ 恐託付不效 以傷先帝之明 : 부탁한 것을 이루지 못하여 〈이로써·이 때문에〉 선제의 밝음을 상하게 할까 두려워하였다.

❏ 다음은 以 다음에 대명사가 생략된 것인지 아니면 접속사인지 구분하기 어려운 경우이다.

㉠ 開瓊筵以坐花 飛羽觴而醉月 : 화려한 잔치자리를 열어 꽃 위에 앉고, 술잔을 날리며(주고받으며) 달빛에 취하다.

❏ 다음은 以 다음에 '대명사'가 생략되지 않은 경우이다.

㉠ 故臣謂小人無朋 其暫爲朋者 僞也 君子則不然 所守者 道義 所行者 忠信 所惜者 名節 以之修身 則同道而相益 以之事國 則同心而共濟 終始如一 此君子之朋也 : 그러므로 신은 "소인은 붕당이 없고, 잠시 붕당이 되는 것은 거짓이라." 하는 것입니다. 군자는 그렇지 않아서, 지키는 것이 도의요, 행하는 것이 충신이요, 아끼는 것이 명분과 절개입니다. 이로써 수신하면 도를 같이하여 서로에게 이익이 되고, 이로써 국가를 섬기면 마음을 같이하여 함께 성취하게 되어 처음부터 끝까지 한

결갈으리니, 이것이 군자의 붕당입니다.

ⓛ 雖然 朕之妃有所織細絹 以此祭天 可矣 : 비록 그러나 짐의
비妃가 가는 비단으로 〈옷감을〉 짠 것이 있으니, 이것으로 하
늘에 제사 지내면 될 것이다.

❑ 以는 爲와 어울려 '~로 여기다, ~로 삼다, ~로 생각하다'의 뜻
으로 쓰인다. 以爲, 以A爲B.

㉠ 民猶以爲小也 : 백성이 오히려 작다고 여긴다.

㉡ 以書窓爲螢窓 : 서창을 형창이라 한다.

(2) 爲 : ~때문에

㉮ 老父顧謂良曰 孺子下取履 良愕然 欲毆之 爲其老彊忍 下取履 :
늙은이가 돌아보며 장량張良에게 말하기를 "애야, 내려가서 신발
을 가져와라." 하였다. 장량은 기가 막혀서 그를 때리려 했으나,
그가 늙었기 때문에 억지로 참고 내려가서 신발을 갖다 주었다.

❑ '爲'가 전치사로 사용될 때에는 거성去聲으로 읽는다. 따라서
≪논어論語≫·≪맹자孟子≫ 같은 경전을 보면 작은 주註로 '爲
去聲'이라고 되어 있는 경우를 볼 수 있다. 현대 중국어에서도
제3성인 'wěi'로 발음한다. 그러나 현재 우리말 독음에는 구별
이 없다.

❑ 爲는 동사로 '위하다'의 뜻이 있다.

㉠ 君子之學 爲己之學 : 군자의 학문은 자기를 위하는 학문이다.

㉡ 爲其子孫 託之所信者 : 그 자손을 위하여 믿을 만한 사람에게
맡겼다.

(3) 自, 從, 由 : ~부터

⑦ 自天而降乎 從地而出乎 : 하늘로부터 내려왔는가, 땅으로부터 솟았는가?

㉯ 有朋自遠方來 不亦樂乎 : 친구가 먼 지방으로부터 오면 또한 즐겁지 않겠는가?

㉰ 禮義由賢者出 : 예의는 어진 자로부터 나온다.

❑ 自, 從, 由는 동사로 쓰일 때는 '따라가다, 말미암다'의 뜻이며, 전치사로 쓰일 경우는 '~부터'의 뜻이다. 또 예문 ⑦의 경우처럼 뒤에 나오는 접속사와 호응할 때가 있음에 유의해야 한다. (自~而 = 從~而 : ~부터)

(4) 與 : ~와 더불어

⑦ 與倭賊 戰於錦山 : 왜적과 더불어 금산에서 싸우다.

❑ 與는 접속사로 사용될 때는 영어의 'and'와 같고, 전치사로 사용될 때는 'with'와 같다.

🔖 다음 문장을 '以'에 유의하여 해석해보자.

引壺觴以自酌 眄庭柯以怡顔 倚南窓以寄傲 審容膝之易安

📑 술병과 술잔을 끌어다가 스스로 따라 마시고 뜨락의 나뭇가지를 보면서 기쁜 얼굴을 한다. 남쪽 창가에 기대어 오만해하니 무릎을 용납할 만한 작은 집이지만 편안한 곳임을 알겠노라.

11. 후치사後置詞

주로 명사, 명사구의 뒤에서 명사, 명사구의 역할을 규정하는 품사를 후치사라 한다. 여기에 해당하는 것으로는 '之'가 있는데, 대개 한문문법 용어로 후치사라는 말보다 '어조사(혹은 조사)'라는 명칭을 많이 사용한다.

1) 관형격 : ~의, ~한 / ~ㄴ

 ㉮ 成功之難 如登天 : 성공의 어려움이 하늘에 오르는 것 같다.

 ㉯ 塞翁之馬 : 변방 늙은이의 말.

 ㉰ 累卵之危 : 계란을 쌓아놓은 위태로움.

 ㉱ 三歲之習 至于八十 : 세 살 때의 버릇이 여든까지 간다.

 ❑ 之가 '~의'라고 풀이될 때 한문문법에서는 대개 '소유격'이라고 하지 않는다. 위의 첫 번째 예문에서, 成功이라는 명사가 '難'을 꾸며줄 수(수식할 수) 없기 때문에, 조사 之가 후치後置하여 '成功'을 관형사(어)로 만들어주어 수식할 수 있도록 돕고 있다. 즉 之는 앞의 단어에게 '관형어(사) 자격을 주는 후치사'이므로 '관형격 후치사', 혹은 '관형격 어조사'라고 한다.

 ❑ 관형격으로 쓰일 경우 之의 뒤 단어는 명사이다. 〔之+명사〕

  ㉠ 孝者 德之本也 : 효는 덕의 근본이다.

  • 之는 명사 孝가 역시 명사인 本을 수식할 수 있도록 돕는 관형격 어조사(관형격 후치사)이고, 끝의 也는 德之本을 서술어로 만드는 종결사이다.

2) 주격 : 우리말 조사 '~은, ~는, ~이, ~가'에 해당하며 앞의 명사, 명사구가 주어임을 나타낸다. 주격의 경우 대체로 之 다음에 서술어가 온다.〔之+서술어〕

㉮ 孟子曰 人之有德慧術智者 恒存乎疢疾 : 맹자가 말하기를 "사람이 덕의 지혜와 재주의 지혜가 있는 자는 항상 재앙과 우환이 있다." 하였다.

㉯ 恥己之不若人 : 자기가 남만 못한 것을 부끄러워하다.

㉰ 道之不行 已知之矣 : 도가 행하지 않음을 이미 알고 있다.

㉱ 富與貴 是人之所欲也 : 부와 귀는 사람이 바라는 것이다.

❏ 주격 후치사로 之가 사용되는 경우가 많지는 않다. 사용되는 이유에 대해서는 여러 가지 설이 있다. 위 예문 ㉱의 경우 '人所欲也'라고 해도 잘못된 문장이 아니다. '人'은 '所欲也'라는 서술어 앞에 위치한 명사로서 주어의 역할을 하는 데에 조사助詞의 도움을 필요로 하지 않는다. 주격 후치사는 문文을 고르게 하기 위해서, 또는 주어를 강조하기 위해서, 간혹 글자 수를 앞 문장과 같게 하기 위해서 쓰인다고 볼 수 있다.

❏ 위 예문 ㉱의 경우처럼 之+所의 형태일 때 之는 주격일 경우가 많다.

㉠ 道之所存 師之所存 : 도가 있는 곳이 스승이 있는 곳이다.

3) 목적격

㉮ 天命之謂性 率性之謂道 修道之謂敎 : 하늘이 명해준 것을 성性이라고 말하고, 성품을 따르는 것을 도道라고 말하며, 도를 닦는 것

을 教敎라고 말한다.

㉕ 此之謂生財之道也 : 이것을 재물을 늘리는 방법이라고 한다.

㉖ 富貴不能淫 貧賤不能移 威武不能屈 此之謂大丈夫 : 부하고 귀한
것이 방탕하게 할 수 없고, 가난하고 천한 것이 절개를 변하게 할 수
없으며, 위엄과 무력이 뜻을 꺾을 수 없는 것, 이를 대장부라 한다.

❑ 목적격 후치사로 쓰일 경우 주격 후치사와 구별이 쉽지 않다.
즉 주격일 때와 마찬가지로 서술어 앞에 之가 오기 때문이다.
그러나 이때의 서술어는 위에서 보듯이 대부분 '말하다'의 뜻을
갖는 경우가 많다. 다음 문장을 보자.

㉠ 知之爲知之 不知爲不知 是知也 : 아는 것을 안다고 하고 모르
는 것을 모른다고 하는 것, 이것이 아는 것이다.

　• 앞의 之는 목적격 후치사이다. 그런데, 之 다음의 爲는 '하다'라고
　풀이하지만 속뜻은 '말하다'임을 알 수 있다. 즉 '아는 것을 안다고
　말하고 모르는 것을 모른다고 말하다.'인 것이다.

❑ 그러나 그렇지 않은 경우도 있다. 다음 문장에 쓰인 之 다음의 爲
는 '말하다'의 뜻이 아니지만 之는 목적격 후치사로 쓰이고 있다.

㉠ 知者 無不知也 當務之爲急 仁者 無不愛也 急親賢之爲務 : 지
혜로운 자는 알지 못하는 것이 없으나 마땅히 힘써야 할 것을
급히 한다. 어진 자는 사랑하지 않는 것이 없으나 어진 이를 친
히 하기를 급히 함을 힘쓰는 것으로 한다.

㉡ 噫 菊之愛 陶後鮮有聞 蓮之愛 同予者何人 牧丹之愛 宜乎衆
矣 : 아! 국화를 사랑하는 이는 도연명 이후에 들은 적이 드물
고, 연꽃을 사랑하는 것이 나와 같은 자가 누구인가? 모란꽃을

사랑하는 이, 마땅하도다! 많음이.

ⓒ 曉月之觀 : 새벽달을 보다.

❑ 참고 : 之가 실사實詞로 쓰이는 경우

① 대명사 : '이것, 그것'

ㄱ 我能食之 : 나는 그것을 먹을 수 있다.

② 동사 : '가다'

ㄱ 牛何之 : 소는 어디로 가느냐?

❑ 이 책에서 대명사로 분류하고 있는 '之'의 쓰임에 대해서는 여러 가지 학설이 있다. 이 책에서는 아래 내용들을 포괄하여 대명사로 제시하였다.

① 명사 뒤에 위치하여 그 단어를 술어로 만들어주는 역할.

② '之' 자체에는 아무 의미 없이 앞에 나오는 술어를 강조하는 역할.

③ 동사 뒤에 위치하여 그 단어를 사동사使動詞화 시켜주는 역할.

🔖 다음 문장을 밑줄 친 之에 유의하여 해석해보자.

與善人居 如入芝蘭之室 久而不聞其香 卽與之化矣 與不善人居 如入鮑魚之肆 久而不聞其臭 亦與之化矣 丹之所藏者赤 漆之所藏者黑 是以君子必慎其所與處者焉

🔖 선한 사람과 더불어 거처하는 것은 지초·난초가 있는 방에 들어간 것 같아서, 오래되면 그 향기를 맡지 못하니 곧 그와 더불어 동화되어서이다. 선하지 못한 사람과 더불어 거처하는 것은 생선 가게에 들어간 것 같아서, 오래되

면 그 냄새를 맡지 못하니 곧 그와 더불어 동화되어서이다. 단사丹砂를 지닌 자는 붉어지고 옻을 지닌 자는 검어진다. 이 때문에 군자는 반드시 함께 거처 하는 자를 삼가야 한다.

12. 종결사終結詞

1) 지정指定·단정斷定 : 문장의 끝에서 주로 문장의 내용을 확실하게 정해주거나, 판단하고 결정해주는 역할을 하는 품사로 也, 矣, 焉 등이 있다.

(1) 也 : 서술어가 명사·명사구일 때 주로 쓰는 단정을 나타내는 종결사이나 이러한 원칙이 지켜지는 것은 아니다. 아래 예문 ㉯와 ㉰는 서술어가 각각 동사·형용사로서 긍정·부정의 어기語氣를 나타내고 있는데, 역시 '~이다'라고 해석하면 된다.

㉮ 李舜臣 名將也 : 이순신은 명장이다.

• 名將은 명사로서 엄밀히 말하면 서술어가 될 수 없으나, 也가 붙어서 서술어 역할을 한다. 현대 중국어에서 '是'를 '~이다'의 뜻(영어에서 'be동사'처럼)으로 쓰는 것과 같다고 할 수 있다. 즉 이 문장을 현대 중국어로 하면 李舜臣是名將이 된다. 따라서 한문에서 也는 주어 다음에 是가 있는 문장처럼 해석하면 된다. 그러나 다음과 같이 서술어(동사·형용사)가 있을 때에도 也가 붙는다.

㉯ 今君有一窟 未得高枕而臥也 : 지금 그대는 한 개의 굴만을 가지고 있으므로 베개를 높이고 〈편안히〉 누울 수 없다.

㉰ 君子必愼其獨也 : 군자는 반드시 혼자 있을 때에 신중해야 한다.

❑ 也는 단정의 뜻을 나타낼 때 종결사로 쓰이기도 하지만 ① 주어·부사 등을 강조할 때, ② 의문 종결사, ③ 반어 종결사 등으로 쓰이기도 한다.

① 주어·부사 등을 강조할 때

㉠ 中也養不中 才也養不才 : 중中이란 부중不中을 길러주는 것이고, 재才란 부재不才를 길러주는 것이다.

• 주어인 '中'과 '才'를 강조.

㉡ 鳥之將死 其鳴也哀 人之將死 其言也善 : 새가 죽으려 함에 그 울음이 슬프고, 사람이 장차 죽으려 함에 그 말이 선하다.

• 주어인 '其鳴'과 '其言'을 강조.

㉢ 始吾於人也 聽其言而信其行 今吾於人也 聽其言而觀其行 : 처음에 나는 사람들에게서 〈그가 하는〉 말을 들으면 그의 행동을(행동 역시 말과 같을 것이라고) 믿었는데, 이제 나는 사람들에게서 그 말을 들으면 그의 행동을 관찰한다.

• '吾'의 보어인 '於人'을 강조.

㉣ 聽訟 吾猶人也 必也使無訟乎 : 청송(소송을 판결함)을 나는 다른 사람과 똑같이 하나, 반드시 소송이 없게 하겠다.

• 부사인 '必'을 강조.

② 의문 종결사

㉠ 若爲傭耕 何富貴也 : 당신은 밭을 가는 품팔이꾼인데 어떻

게 부귀해지겠는가?

③ 반어 종결사

　㉠ 且欲與常馬等 不可得 安求其能千里也 : 또한 보통의 말과
　　같아지려 해도 할 수 없는데, 어찌 천 리 갈 수 있기를 구하
　　겠는가?

　　• 천 리를 달릴 수 없다는 뜻이다.

④ 기타

　㉠ 烟斜霧橫 焚椒蘭也 : 연기와 안개가 빗겨 있음은 초란椒蘭
　　을 태웠기 때문이다. 〔이유〕

　㉡ 天地之道 博也 厚也 高也 明也 悠也 久也 : 하늘과 땅의 도
　　는 광박廣博함과 심후深厚함과 고대高大함과 광명光明함과
　　유원悠遠함과 장구長久함이다.

🈳 다음 문장을 밑줄 친 也와 之에 유의하여 해석해보자.

> 流水之爲物也, 不盈科不行 君子之志於道也 不成章不達

🈴 흐르는 물의 물건 됨이 구덩이가 차지 않으면 흘러가지 않으니, 군자가
도에 뜻을 둠에도 문장을 이루지 않으면 통달하지 못한다.

(2) 矣 : 주로 서술어가 동사·형용사일 때 단정을 나타내는 종결
　　사이다.

　㉠ 朝聞道夕死可矣 : 아침에 도를 들면 저녁에 죽어도 좋다.

❑ 矣는 감탄·청유請誘·의문의 뜻을 나타내는 종결사로 사용되기
  도 한다.

  ㉠ 嗟乎! 師道之不傳也久矣 欲人之無惑也難矣 : 아! 스승의 도가
    전하지 않은 지가 오래 되었도다. 사람이 의혹이 없고자 함은
    어렵도다. 〔감탄〕

  ㉡ 君姑高枕爲樂矣 : 그대는 잠시 베개를 높이 하고 즐기시라.
    〔청유〕

  ㉢ 德何如則可以王矣 : 덕이 어떠하면 왕 노릇할 수 있습니까?
    〔의문〕

(3) 焉 : 쓰임은 也·矣와 같으나 대명사인 之(그것, 그곳), 혹은
    此(이것, 여기) 등이 포함된 종결사라는 점에서 차이가 있다.

  ㉮ 三人行 必有我師焉 : 세 사람이 감에 반드시 나의 스승이 그곳
    에 있다.

  • 焉에는 대명사가 포함되어 있으므로 '그곳에 ~이다'라고 해석된다.
    그러나 앞의 내용이나 사물을 지칭하는 대명사는 해석하면 오히려
    췌언贅言이 되므로 일반적으로 풀이하지 않는데, 이 경우 "세 사람
    이 감에 반드시 나의 스승이 있다."로 풀이한다. 이 때문에 焉은
    也·矣와 해석상에서는 크게 다르지 않다고 할 수 있다.

  ㉯ 昔者 吾舅死於虎 吾夫又死焉 今吾子又死焉 : 옛날에 나의 시아
    버지가 호랑이에게 죽었고, 나의 남편이 또 〈그것에게〉 죽었으
    며, 이제 내 아들이 또 〈그것에게〉 죽었다.

  • 焉에는 호랑이를 지칭하는 '之(그것)'가 포함되어 있다.

  ㉰ 過而能改 善莫大焉 : 잘못하고서 고칠 수 있다면 선이 〈이것보

다〉더 큰 것은 없다.

- 焉에는 비교 전치사 於와 앞의 過而能改를 대신하는 대명사 之가
  포함되어 있다. = 過而能改 善莫大於之矣

㉺ 肉食者謀之 又何間焉 : 권력 있는 자들이 도모하는 것이다. 또
  어찌 〈그것을〉 간섭하려는가?

- 焉은 또 의문문에서도 대명사가 포함된 종결사로 쓰이기도 한다.

❑ 焉은 종결사 외에 의문부사 혹은 반어부사로 쓰이기도 하고
  (3장 4. 의문문, 5. 반어문 참조), 접속사의 형태로 쓰이기도 한다.

㉠ 公輸子自魯南游楚 焉始爲舟戰之器 : 공수자는 노나라로부터
  남쪽으로 초나라를 주유周遊하고서는 이에 비로소 수전水戰에
  서 쓰는 기구를 만들었다.

2) 의문疑問 : 의심스러움을 표현하는 문장을 만들며, 也, 乎, 哉, 與
  (歟), 諸, 夫, 焉 등이 있다. 也와 焉 등은 단정을 나타내는 문장
  에서도 사용되므로 문맥을 살펴 이해하도록 해야 한다.

㉮ 追我者 誰也 : 나를 쫓아오는 사람이 누구인가?

㉯ 賢者亦有此樂乎 : 현자 역시 이러한 즐거움이 있습니까?

㉰ 是誰之過與 : 이것은 누구의 잘못인가?

㉱ 曰旣庶矣 又何加焉 曰富之 曰旣富矣 又何加焉 曰敎之 : 말하기
  를 "이미 〈사람이〉 많습니다. 또 〈거기에〉 무엇을 더해야 합니
  까?" 하니, 말하기를 "그들을 부유하게 하라." 하니, 말하기를 "이
  미 부유하게 했습니다. 또 〈거기에〉 무엇을 더해야 합니까?" 하
  니, 말하기를 "그들을 가르쳐라." 하였다.

• 지시 대명사가 포함된 의문 종결사.

㉮ 何不去諸 : 왜 그곳을 떠나지 않습니까?

• '諸(저)' 역시 지시 대명사를 포함한 의문 종결사이다. 諸를 분해하면 之乎가 된다.

• 何不去諸 = 何不去之乎

3) 한정限定 : 양이나 범위 따위를 제한하여 정하는 의미의 문장을 표현할 때 사용되는 종결사로, 而已, 而已矣, 已, 耳, 爾 등이 있는데 '~일 뿐이다', 혹은 '~일 따름이다'로 풀이된다.

㉮ 我知種樹而已 官理非吾業也 : 나는 나무를 심는 것만 알 뿐이다. 관리하는 것은 나의 일이 아니다.

㉯ 王何必曰利 亦有仁義而已矣 : 왕은 하필 이로움을 말씀하십니까? 또한 인의가 있을 따름입니다.

㉰ 可謂好學也已 : 배움을 좋아한다고 말할 수 있을 뿐이다.

㉱ 欲使人人 便於日用耳 : 사람들로 하여금 날마다 쓰는 데에 편하게 하고자 할 따름이다.

㉲ 翁曰 無他 但手熟爾 : 노인이 말하기를 "다름이 아니라 단지 손에 익숙할 따름이다."라고 했다.

❏ 가령 '飮水而已'라는 구절이 있다고 하자. 而는 접속사이므로 풀이는 '물을 마시고 그만두었다.'가 된다. 이를 줄여서 쓰면 '물을 마셨을 뿐이다.'가 된다. 즉 而已는 '뿐이다'의 뜻이 되는 것이다. 而已矣는 종결사 矣가 첨가된 형태이고, 已는 접속사 而가 생략된 형태며, 耳와 爾는 음이 같아서 혼용된 것으로 이해하면 된다.

問 다음 문장을 而已矣에 유의하여 해석해보자.

無爲其所不爲 無欲其所不欲 如此而已矣

答 하지 않아야 할 것을 하지 않으며, 하고자 하지 말아야 할 것을 하고자 하지 않아야 하니, 이와 같을 <u>따름이다</u>.

4) 감탄感歎 : 문장을 마음에 느끼어 탄복하는 표현을 나타내는데, 乎, 哉, 與, 夫 등이 있다.

㉮ 賢哉回也 : 어질도다! 안회여.

　• 回는 공자의 제자인 안회顔回이다.

㉯ 曠安宅而弗居 舍正路而不由 哀哉 : 편안한 집을 비워두고 거하지 아니하며, 바른길을 버려두고 말미암지 아니하니, 애석하구나!

2장 한문漢文의 구조構造

1. 단문短文

1) 기본구조基本構造 : 주어, 서술어, 목적어, 보어로만 구성된 문장을 기본구조라고 한다. 기본구조는 다음 4가지가 있다.

(1) 주술구조主述構造 : '주어+서술어'로 이루어진 문장구조를 말한다(□‖□). '~은(는, 이, 가) ~이다(하다)'로 해석한다. 서술어의 품사에 따라 다음과 같이 나누어볼 수 있다.

① 주어+서술어(명사)

㉮ 孔子聖人 : 공자는 성인이다.

• 孔子(공자는 : 주어)‖聖人(성인이다 : 서술어)

② 주어+서술어(동사)

㉮ 日出 : 해가 뜨다.

• 日(해가 : 주어)‖出(뜨다 : 서술어)

③ 주어+서술어(형용사)

㉮ 山高 : 산이 높다.

• 山(산이 : 주어)‖高(높다 : 서술어)

(2) 주술보구조主述補構造 : '주어+서술어+보어'로 이루어진 문장 구조를 말한다(□ ∥ □/□). '~은 ~에(에서, 에게, 로, 이) ~하다'로 해석한다.

㉮ 福生於淸儉 : 복은 청렴과 검소에서 나온다.

• 福(복은 : 주어) ∥ 生(생기다 : 서술어) / 於淸儉(청렴과 검소에서 : 보어)

(3) 주술목구조主述目構造 : '주어+서술어+목적어'로 이루어진 문장 구조를 말한다(□ ∥ □ │ □). '~은 ~을(를) ~하다'로 해석한다.

㉮ 德潤身 : 덕은 몸을 윤택하게 한다.

• 德(덕은 : 주어) ∥ 潤(윤택하게 하다 : 서술어) │ 身(몸을 : 목적어)

(4) 주술목보구조主述目補構造 : '주어+서술어+목적어+보어'로 이루어진 문장 구조를 말한다(□ ∥ □ │ □ / □). '~이 ~에게 ~을 ~하다'로 해석한다.

㉮ 齊景公問政於孔子 : 제 경공이 공자에게 정치에 대해서 묻다.

• 齊景公(제 경공이 : 주어) ∥ 問(묻다 : 서술어) │ 政(정치를 : 목적어) / 於孔子(공자에게 : 보어)

㉯ 天假我機會 : 하늘이 나에게 기회를 빌려주다.

• 天(하늘이 : 주어) ∥ 假(빌려주다 : 서술어) / 我(나에게 : 보어) │ 機會(기회를 : 목적어)

2) 확장구조擴張構造 : 기본구조에 관형어와 부사어가 첨가되어 확장

된 문형으로, 역시 4가지로 구분해볼 수 있다.

(1) 주술확장主述擴張 : '주어+서술어'의 기본구조에 관형어와 부
    사어 등이 수식되어 확장된 문장구조, 즉 '관형어+주어+부사
    어+서술어'를 말한다.

    ㉮ 諸子悲號 : 여러 아들이 슬프게 울다.

      • 諸(여러 : 관형어) 子(아들이 : 주어) ‖ 悲(슬프게 : 부사어) 號(울다 :
    서술어)

(2) 주술보확장主述補擴張 : '주어+서술어+보어'의 기본구조에 관
    형어와 부사어 등이 수식되어 확장된 문장구조를 말한다.

    ㉮ 吾當爲輪遞天子 : 나는 마땅히 돌림 천자가 되었으리라.

      • 吾(나는 : 주어) ‖ 當(마땅히 : 부사어) 爲(되다 : 서술어) / 輪遞(돌
    림 : 관형어) 天子(천자가 : 보어)

(3) 주술목확장主述目擴張 : '주어+서술어+목적어'의 기본구조에 관형
    어와 부사어 등이 수식되어 확장된 문장구조를 말한다.

    ㉮ 金先生嘗訪友人家 : 김선생이 일찍이 친구의 집을 방문하였다.

      • 金(김 : 관형어) 先生(선생이 : 주어) ‖ 嘗(일찍이 : 부사어) 訪(방
    문하다 : 서술어) | 友人(친구의 : 관형어) 家(집을 : 목적어)

(4) 주술목보확장主述目補擴張 : '주어+서술어+목적어+보어'의 기
    본구조에 관형어와 부사어 등이 추가되어 확장된 문장구조를
    말한다.

    ㉮ 外郡吏將受七棍於兵營 : 지방 군현의 아전이 장차 병영에서 일

곱 대의 곤장을 맞게 될 것이다.

- 外郡(지방 군현의 : 관형어) 吏(아전이 : 주어) ‖ 將(장차 : 부사어)
  受(받다(맞다) : 서술어) | 七(일곱 대의 : 관형어) 棍(곤장을 : 목적
  어) / 於兵營(병영에서 : 보어)

㉺ 祠者賜其舍人巵酒 : 제사 지내는 사람이 그의 하인에게 한 잔
  술을 내려주다.

- 祠(제사 지내는 : 관형어) 者(사람이 : 주어) ‖ 賜(내려주다 : 서술어)
  / 其(그의 : 관형어) 舍人(하인에게 : 보어) | 巵酒(한 잔 술을 : 목적어)

🔲 다음 문장을 해석하고 문장구조를 알아보자.

㉮ 季康子問政於孔子

㉯ 大器晩成

㉰ 父母之恩如大海

㉱ 達人觀物外之物

🔲 ㉮ 계강자가 공자에게 정치를(정치에 대해) 물었다. 〔주술보 구조〕
  ㉯ 큰 그릇은 늦게 이루어진다. 〔주술확장 구조〕
  ㉰ 부모의 은혜는 큰 바다와 같다. 〔주술보확장 구조〕
  ㉱ 통달한 사람은 물질 밖의 물질을 본다. 〔주술목확장 구조〕

2. 복합문複合文

두 개의 문장이 이어진 것을 복합문이라고 하는데 다음과 같은 세 경우가 있다.

1) 병렬복합문並列複合文 : 대등한 둘 이상의 문장이 而로 접속되는 문장

　㉮ 賢者少言而愚者多言 : 어진 사람은 말을 적게 하고, 어리석은 사람은 말을 많이 한다.

　㉯ 溫故而知新 : 옛것을 익혀서 새것을 안다.

2) 주종확장문主從擴張文 : 둘 이상의 문장이 주절과 종속절의 관계로 이루어진 문장

　㉮ 見小利則大事不成 : 작은 이익을 보면(좇으면) 큰 일이 이루어지지 않는다.

3) 포유복합문包有複合文 : 주어부나 서술부가 절節로 이루어진 문장

　㉮ 學者所患 惟有立志不誠 : 배우는 사람이 걱정할 것은 오로지 뜻을 세움이 성실하지 못하는 데에 있다.

4) 혼합복합문混合複合文 : 병렬관계並列關係·주종관계主從關係·포유관계包有關係의 서로 다른 복합문이 둘 이상 모여 이루어진 문장

　㉮ 衆人皆醉 我獨醒 是以見放 : 모든 사람은 취하고 나 홀로 깨어 있었으니, 이 때문에 추방을 당했다.

3. 성분成分의 생략省略과 도치倒置

1) 생략省略 : 내용상 없어도 알 수 있는 것, 혹은 앞에 나온 것 등은
생략된다.

 (1) 주어의 생략

　　㉮ 能出五臟 洗而納之 : 〈나는〉 오장을 꺼내어 그것을 씻어 넣을
　　　수 있다.

　　　• '吾能出五臟'에서 '吾'가 생략.

 (2) 목적어의 생략

　　㉮ 性嗜酒 家貧 不能常得 : 본성은 술을 좋아하나 집이 가난하여
　　　항상 〈술을〉 얻지는 못하였다.

　　　• '不能常得酒'에서 '酒'가 생략.

2) 도치 : 강조할 때 주로 사용된다.

 (1) 주어와 술어의 도치

　　㉮ 愚哉 汝也 : 어리석구나! 너는.

　　　• '汝也 愚哉'의 도치.

 (2) 술어와 보어의 도치

　　㉮ 危邦不入 亂邦不居 : 위험한 나라에 들어가지 않고, 어지러운
　　　나라에 살지 않는다.

　　　• '不入危邦 不居亂邦'의 도치.

(3) 술어와 목적어의 도치

㉮ 聖人 吾不得以見之矣 : 성인을 나는 보지 못했다.

- '吾不得以見聖人矣'의 도치.

(4) 부정문에서 대명사의 도치

㉮ 今民生日困 財用日窮 士大夫其將袖手而不之救歟 抑因循故常
宴安而莫之知歟 : 지금 백성의 생활이 날로 곤궁하고 재물 쓰임
이 날로 궁핍해지는데, 사대부가 장차 팔짱만 낀 채 그들을 구
하지 않는 것인가, 아니면 구습만을 따르며 타성에 젖어 짐짓
쉬니 편안해져서 그것을 알지 못하는 것인가?

- '不之救歟'는 '不救之歟'의 도치. '莫之知歟'는 '莫知之歟'의 도치.

📖 다음 글을 도치된 之에 유의하여 해석해보자.

若決江河 沛然莫之能禦也

🖎 마치 강하를 터뜨려놓은 것같이 세차서 그것을 막을 수 없었다.

- '莫之能禦'는 '莫能禦之'의 도치.

3장 한문漢文의 문형文型

1. 평서문平敍文

한문의 가장 기본적인 문장형식으로서, 화자가 청자에게 특별히 요구하는 바 없이 하고 싶은 말을 단순하게 진술하는 문장이며, 끝을 내려 읽는다. 종결사 也, 矣, 焉 등을 수반하기도 하며, 의문이나 반어 등을 나타내는 의문사는 사용되지 않는다.

㉮ 農者 天下之大本 : 농사는 천하의 큰 근본이다.

㉯ 孔子聖人也 : 공자는 성인이다.

㉰ 夫子之道 忠恕而已矣 : 부자夫子의 도는 충忠과 서恕일 뿐이다.

㉱ 三人行必有我師焉 : 세 사람이 감에 반드시 나의 스승이 그곳에 있다.

㉲ 賜也 始可與言詩已矣 : 사賜는 비로소 더불어 시를 말할 만하다.

　• 賜는 공자의 제자 자공子貢의 이름.

❑ 종결사 也, 矣, 焉에 대해서는 앞의 〈1장 12. 종결사〉 참조.

❑ 평서문에는 종결사가 없는 문장이 대부분이다.

2. 부정문否定文

不·弗·無·毋·非·未·莫 등의 부정사(부정 보조사)를 사용하여 어떤 사실이나 상황을 부정하는 문장형식을 말하는데, 부정사가 겹쳐 사용되어 강한 긍정을 나타내는 경우도 있고 한정부사와 함께 쓰여 부분적으로 부정하는 경우가 있다.

1) 단순부정單純不定 : 不·弗·無·毋·非·未·莫·靡·蔑·微·匪 등이 사용되어 부정을 나타낸다.

㉮ 積功之塔不墜 : 공들여 쌓은 탑은 무너지지 않는다.

㉯ 雖有嘉肴 弗食 不知其旨 雖有至道 弗學 不知其善也 : 비록 좋은 안주가 있더라도 먹지 않으면 그 맛을 알지 못하고, 비록 지극한 도가 있더라도 배우지 않으면 그 좋음을 알지 못한다.

㉰ 仁者無敵 : 어진 사람에게는 대적할 자가 없다.

㉱ 趙王畏秦 欲毋行 : 조왕이 진나라를 두려워하여 가지 않고자 하였다.

㉲ 才或不足非所患也 : 재주가 혹 충분하지 않아도 근심할 바가 아니다.

㉳ 未見羊也 : 양羊을 보지 못했다.

❏ 未의 쓰임은 不과 흡사하나 속뜻이 '아직 ~않다(못하다)'의 의미일 때 사용된다. 위의 글에서도 '양羊을 아직 보지 못했다.'의 의미이다. 다음의 글 역시 마찬가지이다.

㉠ 七十者衣帛食肉 黎民不饑不寒 然而不王者 未之有也 : 칠십 살

먹은 사람이 비단옷을 입고 고기를 먹으며 백성들은 굶주리지 않고 추워하지 않으리니, 그러고서도 왕 노릇하지 못하는 자는 〈아직〉 있지 않았다.

- 未之有也는 未有之也가 도치된 문장이다. 앞의 〈2장 3. 성분의 생략과 도치〉참조.

ⓛ 群臣莫對 : 뭇 신하들 중에 대답하는 사람이 없었다.

- 莫은 특히 '아무데도 없다' · '아무것도 아니다'의 뜻을 갖는다. 즉 '뭇 신하 중에서 대답하는 사람이 아무도 없었다.'의 뜻이다.

ⓒ 秦以前尙略矣 其詳靡得而記焉 : 진나라 이전은 오히려 간략해서 그 상세함은 기록할 수가 없다.

ⓔ 吾有死而已 吾蔑從之矣 : 나에게 죽음이 있을 뿐이지 나는 그를 따를 수 없다.

ⓜ 雖讀禮傳 微愛屬文 : 비록 ≪예전禮傳≫을 읽지만 글 짓는 것을 좋아하지 않는다.

ⓗ 匪來貿絲 來卽我媒 : 실을 사러 온 것이 아니라, 나의 중매 때문에 왔다.

2) 이중부정二重不定 : 非不, 莫不, 無不, 不不, 未不, 無非, 莫非, 無~不 등을 사용하여 '강한 긍정'을 나타내는 문장 형식이다.

㉮ 城非不高也 池非不深也 兵革非不堅利也 : 성이 높지 않은 것이 아니며, 못이 깊지 않은 것이 아니며, 무기와 갑옷이 견고하고 날카롭지 않은 것이 아니다.

㉯ 莫不知愛其親 : 그 어버이를 사랑할 줄 알지 못하는 이가 없다.

ⓗ 吾矛之利 於物 無不陷也 : 내 창의 날카로움은 사물을 뚫지 못하는 것이 없다.

ⓘ 禍福 無不自己求之者 : 화와 복은 자기가 구하지 않은 것이 없다.

ⓙ 不爲不多矣 : 많지 않다고 할 수 없다.

ⓚ 但推所能 達之於所不能 則無非仁義矣 : 다만 능한 것을 미루어 능하지 못한 것에 이르게 하면 어질고 의롭지 않음이 없을 것이다.

ⓛ 古之人 未嘗不欲仕也 又惡不由其道 : 옛날 사람이 일찍이 벼슬하고자 하지 않은 것은 아니지마는 또한 그 도를 말미암지 않는 것을 미워했다.

ⓜ 普天之下 莫非王土 率土之濱 莫非王臣 : 온 하늘의 아래가 왕의 영토 아님이 없으며, 온 나라가 왕의 신하 아님이 없다.

ⓝ 人莫不飮食也 鮮能知味也 : 사람은 먹고 마시지 않는 자가 없으나 맛을 알 수 있는 사람은 적다.

ⓞ 無遠不至 : 멀다고 이르지 아니함이 없다.

3) 부분부정部分否定 : 한정해주는 뜻을 갖는 부사인 必·常·甚 등을 사용해 어떤 사실이나 상황을 부분적으로 부정하는 문장형식이다. 대개 不必(未必), 不常, 不甚 등이 사용된다.

㉮ 有德者 必有言 有言者 不必有德 : 덕이 있는 자는 반드시〈말다운〉말이 있지만, 말이 있는 자라고 반드시 덕이 있는 것은 아니다.

㉯ 獨亂未必亡也 召寇則無以存矣 : 내란은 반드시 망하는 것은 아니지만 외적을 불러들이면 보존하지 못한다.

• 獨亂 ≒ 內亂.

㉠ 千里馬常有 而伯樂不常有 : 천리마는 항상 있으나 '백락'은 항상 있는 것은 아니다.

㉣ 張儀學於鬼谷 其學甚不近道 人不甚惑之 : 장의는 귀곡에게 배웠다. 그 학문은 道와는 매우 가깝지 않았으나 사람들은 그를 아주 미혹하다고 한 것은 아니었다.

❏ 부분부정의 형태, 즉 不必·不常·不甚 등의 모양을 바꾸어 必不·常不·甚不과 같이 하면 '완전부정'이 된다.

㉠ 伯樂常不有 : 백락은 항상 없다.

🔠 다음 문장을 밑줄 친 부정사不定詞에 유의하여 해석해보자.

㉮ 無時不爲

㉯ 弟子不必不如師 師不必賢於弟子

📭 ㉮ 하지 않은 때가 없다.

㉯ 제자가 반드시 스승만 못하지는 않으며, 스승이 반드시 제자보다 현명하지는 않다.

3. 금지문禁止文

금지사禁止詞를 사용하여 금지의 뜻을 나타내는 문장형식이다. 금지사로는 대표적인 것이 '勿(물)'이며, 통용되는 글자로는 '毋(무)·無·莫·不·未' 등이 있다. 금지사는 뒤의 서술어를 금지의 뜻이 되게 하므로 '금지보조사禁止補助詞'라고도 한다. 금지형 문장은 부정문과 혼동하기 쉬우며, 대개 '~마라(말라)'로 풀이되어 명령의 의미도 있다.

㉮ 非禮勿視 非禮勿聽 : 예가 아니면 보지 말며, 예가 아니면 듣지
  말라.

㉯ 君有急病見於面 莫多飮酒 : 그대에게 위급한 병이 있음이 얼굴
  에 보이니, 술을 많이 마시지 마라.

㉰ 毋友不如己者 過則勿憚改 : 자기만 같지 않은 사람을 사귀지 말
  며, 잘못했으면 고칠 것을 꺼리지 마라.

㉱ 無道人之短 : 남의 단점을 말하지 마라.

㉲ 不患人之不己知 患不知人也 : 남이 자기를 알아주지 않는 것을
  근심하지 말고, 〈자기가〉 남을 알아주지 못하는 것을 근심하라.

  • '不患人之不己知'는 '不患人之不知己'의 도치이다.

🈐 다음 문장을 밑줄 친 글자에 유의하여 해석해보자.

公主語溫達曰 愼勿買市人馬

🈑 공주가 온달에게 말하기를 "조심해서 시장 사람의 말을 사지 마세요."
하였다.

4. 의문문疑問文

  말하는 사람이 상대방에게 모르는 것을 질문하여 대답을 요구하
는 문장형식이다. 의문 대명사(의문 부사)가 사용되는 경우, 의문 종

결사가 사용되는 경우, 의문 대명사와 종결사가 함께 사용되는 경우, 의문사가 겹쳐 사용되는 경우로 나누어볼 수 있다.

1) 의문 대명사 孰, 誰, 何, 焉, 胡 등이 사용되는 경우

㉮ 孰爲好學 : 누가 학문을 좋아합니까?

㉯ 漢陽中誰最富 : 한양에서 누가 제일 부자인가?

㉰ 不爲者 與不能者之形 何以異 : 하지 않는 것과 할 수 없는 것의 형태가 어떻게 다른가?

㉱ 天下之父歸之 其子焉往 : 천하의 아버지들이 그에게 돌아가면 그 자식들은 어디로 갑니까?

㉲ 此秋聲也 胡爲乎來哉 : 이 가을 소리는 무엇 때문에 왔는가?

2) 의문 종결사 乎, 耶(邪), 哉, 與(歟), 也, 諸 등이 사용되는 경우

㉮ 客亦知夫水與月乎 : 손님 또한 그 물과 달을 아는가?

㉯ 若寡人者可以保民乎 : 과인 같은 사람도 백성을 보호할 수 있습니까?

㉰ 官之命 宜以材耶 抑以姓乎 : 관리 임명은 재능으로써 해야 합니까? 아니면 성씨(씨족의 높낮음)로써 해야 합니까?

㉱ 天之蒼蒼 其正色邪 其遠而無所至極邪 : 하늘이 파란 것은 그 본래 색인가? 멀어서 끝이 없어서인가?

㉲ 振振君子 歸哉歸哉 : 인후仁厚한 군자가 돌아왔는가? 돌아왔는가?

㉳ 子非大夫與 : 그대는 대부가 아닌가?

㉴ 子張問 十世可知也 : 자장이 물었다. "십세十世 이후 〈예의제도〉

를 알 수 있습니까?"

㉱ 以羊易之 有諸 : 양으로 그것(소)을 바꾸라고 했다 하니, 그런 적
이 있습니까?

- 이때의 諸는 '저'로 읽는다. 諸는 대명사가 포함되어 있는 之乎, 혹
은 之哉로 본다. 즉, 諸는 '대명사+의문종결사'로 보고 '거기에 ~인
가?' 혹은 '이것이 ~한가?' 등으로 풀이한다. 諸는 '뭇'·'여럿'의 뜻으
로 쓰일 때를 제외하고 조사·종결사 등으로 쓰일 때는 '저'로 읽는
다. 諸君(제군 : 여러분), 諸臣(제신 : 뭇 신하), 有諸(유저 : 그런 적
이 있는가?)

3) 의문사와 종결사가 함께 사용되는 경우

㉮ 徒言而不行 言何能中理乎 : 다만 말만 하고 행하지 않으면, 말이
어찌 이치에 맞을 수 있겠는가?

㉯ 是何意也 : 그것이 무슨 뜻인가?

㉰ 然則何時而樂耶 : 그렇다면 어느 때나 즐길 것인가?

4) 의문사가 겹쳐 사용되는 경우

㉮ 工未素學 奈何 : 장인 일은 본래 배우지 않았으니 어쩌겠는가?

㉯ 以子之矛 陷子之盾 何如 : 그대의 창으로, 그대의 방패를 뚫으면
어떠한가?

㉰ 公無渡河 公竟渡河 墮河而死 當奈公何 : 공이여! 강을 건너지 말
라 했더니, 공은 끝내 강을 건넜도다. 강에 빠져 죽었으니, 장차
공을 어찌할꼬?

㉱ 如之何則可 : 그것을 어찌하면 좋겠습니까?

❏ 의문사가 중첩되면 서술어 역할을 한다.

❏ 奈何와 如何가 목적어를 취하게 되면 그 목적어는 두 의문사 사이에 삽입된다.

📖 다음 문장을 밑줄 친 글자에 유의하여 해석해보자.

㉮ 今是何世

㉯ 汝與回也 孰愈

㉰ 忘越人之殺而父耶

㉱ 何以知其然耶

㉲ 諸公 豈不諒只

㉳ 敎子當何如

📖 ㉮ 지금은 어떤 세상이오?

㉯ 너와 안회는 누가 나은가?

㉰ 월나라 사람이 그대의 아버지를 죽인 것을 잊었는가?

㉱ 어떻게 그러한 것을 아는가?

㉲ 여러분들이 어찌 헤아리지 못하겠는가?

㉳ 자식 교육을 마땅히 어떻게 할까?

5. 반어문反語文

어떤 상황이나, 사실을 확인 강조하는 문장형식이다. 문면에 나타나 있는 긍정은 속뜻이 부정이 되고, 부정은 긍정으로 되는 반어적 표현이기 때문에 반어문이라 한다. 반어 부사와 의문 종결사를 사용하여 의문문의 형식을 빌렸기 때문에 의문문과 모양이 비슷하므로 주의가 요구된다.

우리말에서는 억양抑揚을 달리하여 표현하는 방법, 예를 들어 '잘한다'라고 하면 글자 그대로 잘한다는 의미지만, 억양을 달리하여 '자~알 한다'라고 하면 '못한다'는 의미가 되는 방법이 있다. 하지만 한문에서는 크게 다음 두 가지 방법이 있다.

1) 安, 寧, 豈, 何, 焉, 孰 등의 반어 부사(대명사), 혹은 乎, 哉, 與 (歟), 耶, 也, 焉 등의 의문 종결사가 사용되는 경우

 (1) 반어 부사(대명사)가 사용되는 경우

　㉠ 蛇固無足 子安能爲之足 : 뱀은 본디 발이 없는데, 그대는 어찌 이것의 발을 만들 수(그릴 수) 있는가?

　　• 그려서는 안 된다.

　㉡ 何往不可 : 어디 간들 좋지 않겠는가?

　　• 어디로 가도 괜찮다.

　㉢ 志篤則何患業不進 : 뜻이 도타우면 학업이 부진함을 어찌 근심하리오?

　　• 근심할 필요 없다.

(2) 반어 종결사가 사용되는 경우

㉮ 可不愼與 : 삼가지 않을 수 있는가?

• 삼가야 한다.

㉯ 不仁者 可與言乎 : 어질지 않은 사람과 더불어 말할 수 있는가?

• 말할 수 없다.

(3) 반어 부사와 의문 종결사가 앞뒤에서 서로 호응하는 경우

㉮ 燕雀安知鴻鵠之志哉 : 제비와 참새가 어찌 기러기와 고니의 뜻을 알겠는가?

• 기러기와 고니의 뜻을 모른다.

㉯ 王侯將相 寧有種乎 : 왕후장상이 어찌 씨가 있느냐?

• 씨가 없다.

㉰ 初豈樂爲哉 : 처음부터 어찌 즐겨 하겠는가?

• 즐겨 할 수 없다.

㉱ 安得此辱乎 : 어찌 이러한 욕을 당했겠는가?

• 욕을 당하지 않았을 것이다.

㉲ 焉得爲大丈夫乎 : 어찌 대장부라고 할 수 있겠는가?

• 대장부라고 할 수 없다.

㉳ 雖大何畏焉 : 비록 크지만, 어찌 두려워하겠는가?

• 두려워하지 않겠다.

㉴ 是可忍也 孰不可忍也 : 이것을 참을 수 있다면 무엇인들 참지 못하겠는가?

• 참을 수 있다.

2) 不亦~乎(역시 ~이 아닌가?), 敢(감히 ~하리오?) 등이 사용되는 경우

㉮ 求劍若此 不亦惑乎 : 칼을 찾는 것이 이와 같다면, 또한 미혹된
일이 아닌가?

• 미혹된 일이다.

㉯ 予敢不敬 : 내가 감히 공경하지 않겠습니까?

• 공경할 것이다.

🔠 다음 반어형 문장을 해석해보자.

> ㉮ 不觀巨海 何以知風波之患哉
>
> ㉯ 時已徙矣 以法不徙 以此爲治 豈不難哉
>
> ㉰ 豈敢自有其身 以不盡孝

🔡 ㉮ 큰 바다를 보지 않고 어찌 풍파의 근심을 알 수 있겠는가?

㉯ 시대는 이미 흘렀는데 법은 옮기지(바뀌지) 않고, 이것으로써 다스린
다면 어찌 어렵지 않겠는가?

㉰ 어찌 감히 스스로 그 몸을 가졌다고 효를 다하지 않겠는가?

6. 한정문限定文

사물의 분량이나 사건의 정도를 한정하는 문장형식이다. 문두文頭에
한정 부사가 오는 경우와 문미文尾에 한정 종결사가 오는 경우가 있다.

1) 한정 부사 : 惟(=唯, 오직 ~일 뿐), 獨(유독 ~일 뿐), 但(다만 ~일
   뿐), 只(다만 ~일 뿐), 直(다만 ~일 뿐), 徒(다만 ~일 뿐)

   ㉮ 學者所患 惟有立志不誠 : 학자가 근심할 바는 오직 뜻을 세움이
   　 정성스럽지 못함에 있을 따름이다.

   ㉯ 故鄉何獨在長安 : 고향이 어찌 유독 장안이 있을 뿐이겠는가?

   ㉰ 但聞人語響 : 다만 사람의 말소리가 들릴 뿐이다.

   ㉱ 非徒無益 而又害之 : 다만 무익할 뿐 아니라, 도리어 해치는 것이다.

2) 한정 종결사 : 耳, 爾, 已, 而已, 而已矣 '~일 뿐'

   ㉮ 不敢請耳 固所願 : 감히 청하지 못할 뿐이지, 진실로 바라던 바이다.

   ㉯ 隨事各得其當而已 : 따르는(이어지는) 일들이 각각 그 마땅함을
   　 얻는 것일 따름이다.

   ㉰ 學問之道無他 求其放心而已矣 : 학문의 도는 다름이 아니라 그
   　 잃어버린 마음을 구하는 것일 따름이다.

3) 한정 부사와 한정 종결사가 앞뒤에서 호응하는 경우

   ㉮ 只在爲學立志如何耳 : 다만 학문하는 것은 입지가 어떠하냐에 달
   　 려 있을 따름이다.

   ㉯ 直好世俗之樂耳 : 다만 세속의 음악을 좋아할 뿐이다.

🔖 다음 문장을 밑줄 친 글자에 유의하여 해석해보자.

> ㉮ 惟江上之淸風 與山間之明月 耳得之而爲聲 目寓之而成色
>
> ㉯ 志之立 知之明 行之篤 皆在我耳 豈可他求哉

🔖 ㉮ <u>오직</u> 강가의 맑은 바람과 산 사이의 밝은 달만은, 귀로 얻으면 소리가 되고 눈에 깃들면 빛이 될 <u>따름이다</u>.

ㄴ ㉯ 뜻이 세워짐과 앎이 밝아지는 것과 행동이 독실해지는 것이 모두 나에게 있을 <u>뿐이니</u> 어찌 다른 데서 구할 수 있겠는가?

7. 비교문比較文

어떤 대상이나 내용을 비교하는 문장형식이다. 다음과 같이 몇 가지 형태로 나누어볼 수 있다.

1) 대등비교對等比較 : '같다'라는 뜻을 갖는 '如', '若', '猶'가 서술어로 쓰여, 'A如B', 'A若B', 'A猶B'의 모양을 이루는데, 'A와(과) B는 같다.' 또는 'A는 B와(과) 같다.'와 같이 해석하다.

㉮ 學問如逆水行舟 : 학문은 물을 거슬러 배를 저어 가는 것과 같다.

㉯ 君子之交淡若水 : 君子의 사귐은 담담하기가 물과 같다.

㉰ 士之失位也 猶諸侯之失國家 : 선비가 벼슬을 잃는 것은 제후가 국가를 잃는 것과 같다.

• 猶는 '오히려'의 의미로 쓰였을 때와 구별해야 한다.

2) 열등비교劣等比較 : 주어가 못하다는 의미로, 如·若에 부정사가

보태져 'A不如B'·'A不若B'의 형태로 쓰이는 경우인데, 'A는 B만 못하다.' 또는 'A보다 B가 낫다.'와 같이 해석한다.

㉮ 遠親不如近隣 : 먼 친척은 가까운 이웃만 못하다.

㉯ 天時不如地利 地利不如人和 : 하늘이 준 때(시기)는 땅의 이로움만 못하고, 땅의 이로움은 사람의 화목함만 못하다.

㉰ 鮮民之生 不如死之久矣 : 가난한 백성의 삶이여, 죽는 것만 못함이 오래 되었구나.

㉱ 不若投諸江而忘之 : 그것을 강에 던져 잊는 것만 못하다.

• 주어가 없는 경우이다.

3) 우등비교優等比較 : 주어가 더 낫다는 의미의 문장형식으로 둘을 비교하는 '비교급比較級 비교'의 형식과 그중에 낫다는 '선택형選擇形 비교' 형식으로 나눌 수 있다.

(1) 비교급 비교 : 전치사 '於', '于', '乎' 사용 '~보다 더'

㉮ 苛政猛於虎 : 가혹한 정치는 호랑이보다 더 사납다.

㉯ 我則異於是 : 나는 이와 다르다.

㉰ 青出於藍 青於藍 : 청색은 쪽풀에서 나왔으나, 쪽풀보다 더 파랗다.

• 앞의 於(~에서)와 뒤의 於(~보다 더)는 그 쓰임이 다르다.

㉱ 國之語音 異乎中國 : 나라의 말소리가 중국과 다르다.

㉲ 天吏逸德 烈于猛火 : 천자의 잘못된 행동은 맹렬히 타는 불보다 더 매섭다.

• 天吏 : 하늘의 덕德을 이행하는 임금이나 천자.

- **逸德** : 실덕失德. 잘못된 행동.

❑ 일반적으로 於, 于, 乎는 앞에 나오는 서술어의 품사가 동사이면 '~에', '~에서', '~에게', '~로' 등으로 해석되는 전치사이며, 형용사이면 비교 전치사가 되는 경우가 많다. 다음은 예외의 경우이다.

　㉠ 良藥苦於口 而利於病 : 좋은 약은 입에 쓰나 병에 이롭다.

　　- 서술어 苦와 利가 모두 형용사이나 대상을 나타내는 전치사로서 '~에'라고 해석된다.

　㉡ 益於人者莫大於是 : 사람에게 이로운 것이 이것보다 더 큰 것이 없다.

　　- 益이 형용사이나 '~에게'라고 해석된다.(그러나 뒤의 於는 형용사인 大의 뒤에서 비교 전치사로 쓰이고 있음을 볼 수 있다.)

(2) 선택형 비교 : 'A라기보다는 차라리 B이다', 'A하기보다는 차라리 B하리라', 'A하는 것보다는 B하는 것이 좋다'는 뜻의 문장이다. 일반적으로 다음과 같은 구조를 갖는다.

구 조	해 석
與其A 不如B 與其A 不若B	A하는 것은 B하느니만 못하다.
與其A 寧B 與其A 無寧B	A하느니 차라리 B하겠다.

與其A 孰若B 與其A 孰與B	A하는 것이 B하는 것과 무엇이 같겠는가?
與其A 豈若B 與其A 曷若B	A하는 것이 어찌 B하는 것과 같겠는가?

㉮ 與其生辱 不如死快 : 살아서 욕됨은 죽어서 상쾌함과 같지 못
하다.

• 살아서 욕을 당하기보다는 차라리 죽어서 상쾌하리라.

㉯ 與其富而畏人 不若貧而無屈 : 부자로 살면서 남을 두려워하는
것은 가난하나 비굴함 없이 사는 것만 못하다.

• 부자로 살면서 남을 두려워하느니, 차라리 가난하게 살더라도 남
에게 굽실거리지 않는 것이 낫다.

㉰ 林放問禮之本 子曰 大哉問 禮與其奢也 寧儉 : 임방林放이 예禮
의 근본에 대하여 물었는데, 공자가 말하기를 "크도다! 질문이
여. 예는 사치奢侈하기보다는 차라리 검소儉素한 것이다."라고
하였다.

㉱ 且與其死於臣子之手也 無寧死於二三子之手乎 : 또한 나는 신臣
(장사 지내는 사람)의 손에 죽느니 차라리 너희들의 손에 죽겠다.

• 二三子 : 너희들.

㉲ 與其坐而待亡 孰若起而救之 : 앉아서 망하기를 기다리는 것이
일어나서 구제하는 것과 무엇이 같겠는가?

- 앉아서 망하기를 기다리느니 차라리 일어나 〈나라를〉 구하겠다.

㉺ 與其從避人之士 豈若從避世之士哉 : 사람을 피하는 선비를 따르는 것이 어찌 세상을 피하는 선비를 따르는 것과 같겠는가?

- 사람을 피하는 선비를 따르기보다는 차라리 세상을 피하는 선비를 따르겠다.

㉻ 與其死於等閑人之手 曷若伏於郞君刃下 以報之德乎 : 상관없는 사람의 손에 죽는 것이 어찌 낭군의 칼날 아래에 엎어져 덕德을 갚는 것과 같겠습니까?

- 상관없는 사람의 손에 죽느니 차라리 낭군의 칼날 아래에 엎어져 〈낭군이 베풀어준〉 덕德에 보답하겠다.

4) 최상급最上級 비교 : 여럿, 혹은 많은 것 중에 가장 낮다(좋다)는 것을 나타내는 문장형식이다. '莫~ 於~'와 '莫如 = 莫若'을 사용하는 방법이 있다.

(1) 莫A 於B : 'B보다 더 A한 것은 없다', 'B보다 더 A한 것은 아무데도 없다'의 의미로서 'B가 가장 A하다'는 뜻이다.

㉮ 夫學莫先於立志 : 무릇 학문은 뜻을 세우는 것보다 앞서는 것이 없다.

- 학문에는 입지가 가장 우선이다.

㉯ 治地莫善於助 莫不善於貢 : 농토 관리에는 조법助法보다 좋은 것이 없으며, 공법貢法보다 나쁜 것이 없다.

- 치지治地에는 조법이 가장 좋고, 공법이 가장 나쁘다.

- 助와 貢은 조세법이다.

    ㉰ 禍莫大於從己之欲 : 화는 자기의 욕심을 따르는 것보다 큰 것이 없다.

- 자기가 하고 싶은 대로 하는 것이 가장 큰 화이다.

- 欲은 慾(욕심)의 뜻이고, 從己之欲은 '자기 욕심을 따른다', 즉 자기 마음 내키는 대로 한다는 뜻이다.

□ '莫A 於B'의 문형에서 서술어 A는 대개 형용사이다.

□ '莫+형용사 ~焉'의 문형文型과 '有~焉'의 문형은 〈1장 12. 종결사〉에서 보았듯이, '焉'에 대명사가 포함되어 있으므로 '이보다 더 ~함이 없다'의 뜻이 된다.

    ㉠ 罪莫大焉 : 죄가 이보다 더 큰 것이 없다.

- 죄가 가장 크다.

    ㉡ 大舜有大焉 善與人同 舍己從人 樂取於人 以爲善 : 위대한 순임금은 누구보다도 더 위대함이 있었으니, 선善을 남과 함께하여 자기를 버리고 남을 쫓았고, 남에게서 취한 것을 善으로 삼기를 즐겨하셨다.

(2) A莫如B · A莫若B : 'A에는 B만 한 것이 〈아무데도 · 그 누구도〉 없다.'는 뜻이다.

    ㉮ 至樂莫如讀書 : 지극한 즐거움은 독서만 한 것이 없다.

- 독서만 한 즐거움은 아무것도(어디에도) 없다.

    ㉯ 知臣莫若君 : 신하를 아는 것은 임금만 한 이가 없다.

- 신하를 아는 것은 임금이 가장 낫다.

    ㉰ 樂事無如讀書 : 즐거운 일은 독서와 같은 것이 없다.

❏ A無如B · A無若B : A莫如B · A莫若B와 쓰임은 같으나 의미는 약한 편이다.

❏ 莫이 들어가 최상급으로 쓰이고 있는 경우가 많은데, 우리말 단어가 되면서는 아예 '가장' 혹은 '무척'이라는 뜻으로 쓰이는 경우가 있다. 例 莫大, 莫强

🔖 다음 문장을 밑줄 친 글자에 유의하여 해석해보자.

父子之間 不責善 責善則離 離則不祥<u>莫大</u>焉

🔖 부자지간에는 선을 권장하지 말 것이니, 선을 권장하면 멀어지고 멀어지면 상서롭지 못함이 이<u>보다</u> 더 큰 것이 <u>없다</u>.

8. 피동문被動文

어떤 사물이 다른 사물에 의해 동작을 하는 것을 표현한 문장형식으로 수동문受動文이라고도 한다. 보조사가 쓰인 경우, 전치사가 사용된 경우, 의미상·문맥상 피동인 경우로 나누어볼 수 있다.

1) 보조사가 쓰인 경우 : 被, 見, 爲~所, 爲, 所

  (1) 被 · 見 (~되다, ~당하다)

　㉮ 信而見疑 忠而被謗 : 미덥게 해도 의심받고 충성해도 비방받는다.

　㉯ 匹夫見辱 拔劍而起 : 필부라도 욕을 당하면, 칼을 뽑고서 일어

난다.

(2) 爲A所B

㉮ 夫爲盜所逐 : 도둑에게 쫓기다.

㉯ 先則制人 後則爲人所制 : 앞서면 남을 제압하고, 뒤지면 남에게 제압당한다.

(3) 爲

㉮ 甚者爲戮 薄者見疑 : 심한 자는 죽임을 당하고, 가벼운 자는 의심을 받았다.

㉯ 古來材大難爲用 : 예로부터 재목이 크면 쓰이기 어려웠다.

㉰ 兔不可復得 而身爲宋國笑 : 토끼를 다시 얻지도 못했고, 자신은 송나라 사람들의 웃음거리가 되었다.

　　• 而身爲宋國所笑에서 所가 생략된 형태.

(4) 所

㉮ 日暮 所擊殺者 無慮百十人 : 날이 저물 무렵에 격살 당한 자가 무려 백여 명이었다.

㉯ 千人所指 無病而死 : 천 명의 사람에게 손가락질 당하면, 병이 없어도 죽는다.

　　• '爲千人所指'에서 爲가 생략된 형태.

2) 전치사가 사용된 경우 : 於, 乎

　　㉮ 勞心者治人 勞力者治於人 治於人者食人 治人者食於人 : 마음을

수고롭게 하는 자는 남을 다스리고 몸을 수고롭게 하는 사람은 남에게 다스려지며, 남에게 다스림을 받는 자는 남을 먹이고 남을 다스리는 자는 남에 의해 먹는다.

㉺ 不信乎朋友 不獲乎上矣 : 친구에게 신임을 얻지 못하면 윗사람에게도 신임을 얻지 못한다.

❏ 피동 보조사와 전치사가 호응하는 형태.

  ① 見~於

    ㉠ 見戮於倭 : 왜놈에게 죽임을 당하다.

      • 왜놈에게 죽다.

  ② 見~于

    ㉠ 固見非于世 : 본래 세상 사람들에게 비난받는 법이다.

3) 기타 : 의미상·문맥상 피동인 경우

  ㉮ 屈原放逐 著離騷 : 굴원은 쫓겨나서 〈이소경〉을 지었다.

  ㉯ 有功亦誅 無功亦誅 : 공이 있어도 죽임을 당하고, 공이 없어도 죽임을 당한다.

  ㉰ 仁則榮 不仁則辱 : 어질면 영화롭게 되고, 어질지 못하면 욕을 당한다.

問 다음 문장을 밑줄 친 글자에 유의하여 해석해보자.

  ㉮ 丈夫生世 用<u>於</u>國 則以死報國 不用 則耕<u>於</u>野 足矣

> ㉴ 不仁不智 無禮無義 <u>人役</u>也
>
> ㉵ 孫叔敖擧<u>於</u>海 百里奚擧<u>於</u>市
>
> ㉶ 安重根 <u>被拘於</u>旅順獄

㉠ ㉮ 대장부가 세상에 태어나서 나라<u>에 쓰이게 되면</u> 죽음으로써 나라에 보답하고, 쓰이지 못하면 들에서 농사를 짓는 것이 족하다.

㉯ 어질지 못하고 지혜롭지 못하며, 예의가 없고 의리가 없으면 <u>남에게 부려진다.</u>

㉰ 손숙오는 바닷가<u>에서</u> 〈지내다가〉 등용<u>되었고,</u> 백리해는 저자<u>에서</u> 기용<u>되었다.</u>

㉱ 안중근이 여순 감옥에 구금 <u>당하다.</u>

9. 사동문使動文

한 사물이 다른 사물에게 동작을 시키는 것을 표현한 문장형식으로, 보조사가 사용되는 경우와 사동의 의미가 있는 동사가 사용되는 경우, 의미상·문맥상 사동인 경우로 구분할 수 있다.

1) 사동 보조사를 사용하는 경우 : 使, 敎, 令, 俾 등

㉮ 使王女二人 各率部內女子 : 왕의 딸 두 명으로 하여금 마을 안의 여자를 각각 인솔하게 하다.

㉯ 故敎流水盡籠山 : 일부러 흐르는 물로 하여금 산을 다 에워싸도록 하다.

ⓒ 賢婦令夫貴 : 어진 아내는 남편을 귀하게 한다.

ⓓ 俾予濟于巨川 : 나로 하여금 큰 내를 건너게 하라.

2) 사동의 의미를 가진 동사 : 遣, 命, 說, 勸 등

㉮ 遣春秋入高句麗 : 김춘추를 보내어 고구려에 들어가게 했다.

㉯ 遣婢買肉而來 : 여비를 보내 고기를 사오게 했다.

㉰ 命善射者射之 : 활을 잘 쏘는 사람에게 명하여 그것을 맞히게 했다.

㉱ 我將見楚王 說而罷之 : 내가 장차 초나라 왕을 만나보고 유세하여(설득하여) 〈전쟁을〉 그만두게 하겠다.

• 이 경우 '說'는 '세'로 읽으며, '유세하다'의 뜻이다.

㉲ 勸君更盡一杯酒 : 그대에게 권하노니 한 잔 술을 다시 다 마시라.

3) 의미상·문맥상 사동인 경우

㉮ 動天地 感鬼神 : 천지를 진동시키고, 귀신을 감동시킨다.

㉯ 死孔明走生仲達 : 죽은 제갈공명이 살아 있는 중달을 달아나게 했다.

10. 가정문假定文

어떤 상황이나 조건을 설정하여 자신의 의지를 밝히거나, 혹은 결과를 예상하는 문장형식이다. 문두文頭에 가정부사가 위치하는 경우와 접속사 則이 사용되는 경우가 있으며, 문맥상 가정인 경우가 있다.

1) 가정부사 若·如(만약), 雖·縱(비록 ~일지라도), 誠·苟(진실로(만약) ~일지라도), 假令·假使(가령 ~이라면), 設使(설사 ~일지라노) 등을 사용하는 경우.

㉮ 春若不耕 秋無所望 : 봄에 만약 밭을 갈지 않으면, 가을에 바랄 것이 없다.

㉯ 若賢士在位 能者在職 則國家閑暇 : 만약 어진 선비가 벼슬자리에 있고 능력 있는 사람이 관직에 있으면 나라의 정사가 한가롭다.

㉰ 王如用予 則豈徒齊民安 : 왕께서 만약 나를 쓴다면 어찌 제나라 백성만 편안하겠습니까?

㉱ 如不可求 從吾所好 : 만약 구할 수 없다면 내가 좋아하는 바를 따르겠다.

㉲ 國雖大 好戰必亡 : 나라가 비록 크더라도, 전쟁을 좋아하면 반드시 망한다.

㉳ 雖畜物 其心與人同也 : 비록 가축이라도, 그 마음은 사람과 같다.

㉴ 苟能充之 足以保四海 苟不充之 不足以事父母 : 만약 이를 확충할 수 있다면 사해를 보존할 수 있고, 만약 이를 확충할 수 없다면 부모를 섬길 수도 없을 것이다.

　• 足以 : 가능 보조사補助詞.

㉵ 假使禹爲君 舜爲臣 亦如此而已矣 : 가령 우禹가 임금이 되고 순舜이 신하가 되었다고 하더라도 이와 같았을 따름이다.

2) 접속사 則을 사용하는 경우

㉮ 欲速則不達 見小利則大事不成 : 빠르고자 하면 도달하지 못하고, 작은 이익을 보려 하면 큰일을 이루지 못한다.

㉯ 太上知之 其次知其不知 不知則問 不能則學 : 가장 훌륭한 사람은 알고, 그 다음 사람은 알지 못함을 안다. 알지 못하면 묻고 능하지 못하면 배워라.

- 太上은 生而知之者, 즉 태어날 때부터 아는 사람으로, 가장 뛰어난 사람이다. 其次는 太上의 다음 부류이다.

3) 문맥상 가정문인 경우

㉮ 不入虎穴 不得虎子 : 호랑이 굴에 들어가지 않으면 호랑이 새끼를 잡을 수 없다.

11. 감탄문感歎文

감탄사나 감탄 종결사를 사용하여 어떤 상황이나 사실에 대하여 감탄을 표현한 문장형식이다.

1) 감탄사 : 嗚呼, 嗚乎, 於乎(오호), 於戲(오호), 嗟乎, 嗟夫, 噫, 于嗟, 惡(오)

㉮ 嗚乎, 國恥民辱 乃至於此 : 아아! 나라의 부끄러움과 백성의 욕됨이 여기에 이르렀구나.

㉯ 嗚乎 痛哉 : 아아! 원통하구나.

㉰ 死生決矣 於乎歸矣 : 죽고 사는 것이 결정되었습니다. 아아! 돌아가소서.

㉑ 顏淵死 子曰 噫 天喪予 天喪予 : 안연이 죽으니 공자는 "아아! 하늘이 나를 버리셨도다, 하늘이 나를 버리셨도다."라 했다.

㉒ 惡 是何言也 : 아니! 이것이 무슨 말인가?

2) 감탄 종결사를 사용하는 경우 : 矣, 哉, 乎, 與, 夫, 也哉, 也與, 也夫 등

㉮ 久矣 吾不復夢見周公 : 오래되었구나! 내가 꿈에서 주공을 보지 못한 것이.

㉯ 甚矣 吾衰也 : 심하구나! 나의 쇠함이여.

㉰ 賢哉 回也 : 어질도다! 안회顏回여.

㉱ 惜乎 吾讀書本期十年 今七年矣 : 아깝구나! 내가 책읽기를 10년 기약했는데 지금 7년이다.

㉲ 逝者如斯夫 : 가는 것이 이와 같도다!

12. 억양문抑揚文

표현하고자 하는 뜻의 어조를 높임으로써 뜻을 강조하는 문장형식이다. 대개 況, 況 ~ 乎, 且 ~ 安 등이 사용된다.

㉮ 況陽春召我以煙景 : 하물며 따뜻한 봄이 밤안개 긴 경치로써 나를 부르니.

㉯ 死馬且買之 況生者乎 : 죽은 말도 사는데 하물며 산 말에 있어서랴.

㉰ 曲藝且然 況聖人之道乎 : 곡예도 또한 그러한대, 하물며 성인의 도道에 있어서랴.

㉱ 臣死且不避 巵酒安足辭 : 신은 죽음도 피하지 않거늘 한 잔 술을 어찌 사양하겠습니까?

㉲ 人情莫不愛其身 身且不愛 安能愛君 : 사람의 정은 그 자신을 사랑하지 않음이 없는데 자신조차도 사랑하지 않는데 어찌 임금을 사랑하겠는가?

4장 허사虛詞

한문을 풀이할 때, 단독으로 뜻을 가지고 있는 실사實詞의 뜻만을 두루뭉술하게 엮어내는 잘못을 범하는 것은 대개 허사의 쓰임을 제대로 알지 못해서 나온 결과라고 할 수 있다. 그만큼 허사의 이해가 중요하다는 것인데, 여기서는 앞에서 다룬 것 가운데 중요한 것을 간추려 다시 한 번 살펴본다.

1. 之

1) 주격 어조사

　㉮ 富與貴 是人之所欲也 : 부유함과 귀함, 이것은 사람이 바라는 것이다.

　㉯ 歲寒然後 知松栢之後凋也 : 날씨가 추워진 뒤에야 소나무와 측백나무가 뒤늦게 시듦을 안다.

2) 관형격 어조사

　㉮ 古之學者 必有師 : 옛날의 배우는 사람은 반드시 스승이 있었다.

　㉯ 天下之義理無窮 : 천하의 의리가 무궁하다.

3) 목적격 어조사

㉮ 天命之謂性 : 천명을 성이라 말한다.

㉯ 不動之謂靜 : 움직이지 않는 것을 고요하다 한다.

4) 동사

㉮ 直之雲從街 : 곧바로 운종가로 가다.

㉯ 先生將何之 : 선생은 장차 어디로 가려 하십니까?

5) 대명사

㉮ 汝能察之 : 너는 그것을 살필 수 있다.

㉯ 彼白而我白之 : 저들이 백색이라 하므로 내가 그것을 백색이라 한다.

2. 而

1) 순접

㉮ 登高山而望四海 : 높은 산에 올라서 천하를 본다.

㉯ 敏於事而愼於言 : 일을 민첩히 하고 말을 삼가다.

2) 역접

㉮ 樹欲靜而風不止 : 나무는 가만히 있고자 하나 바람이 그치지 않는다.

㉯ 苗而不秀者 有矣夫 秀而不實者 有矣夫 : 싹은 났으나 꽃이 피지

못하는 것도 있고, 꽃은 피었으나 열매를 맺지 못하는 것도 있다.

3) 한정

㉮ 何必曰利 亦有仁義而已 : 어찌하여 꼭 이로움만을 말씀하십니까?
역시 인과 의가 있을 따름입니다.

4) 너(2인칭 대명사)

㉮ 若能入而國武庫 : 만약 너의 나라 무기고에 들어갈 수 있다면.

㉯ 余知而無罪也 : 나는 네가 죄가 없다는 것을 안다.

3. 於, 于, 乎

1) 처소, 장소. '~에서', '에게', '~로', '~에'.

㉮ 微時行役 憩于路上 : 한미했을 때에 가다가, 길가에서 쉬었다.

㉯ 必作於易 : 반드시 쉬운 데에서 시작한다.

㉰ 靑出於藍 : 청색은 쪽풀에서 나온다.

2) 비교

㉮ 禍莫大於從己之欲 : 화는 자기의 욕심을 쫓는 것보다 더 큰 것이
없다.

㉯ 苛政猛於虎 : 가혹한 정치는 호랑이보다 더 사납다.

3) 피동

㉮ 勞力者 治於人 : 몸을 수고로이 하는 자는 다른 사람에게 다스림

을 당한다.

㉯ 屢憎於人 : 자주 남에게 미움을 받다.

4. 以

1) 도구, 방법. '~로써', '~을 가지고'.

㉮ 以恕己之心恕人 : 자기를 용서하는 마음으로 남을 용서하다.

㉯ 修己以敬 : 공경으로써 자기 몸을 닦다.

2) 이유

㉮ 所貴乎人者 以有其五倫也 : 사람에게 귀한 바는 오륜이 있기 때문이다.

㉯ 千丈之堤 以蟻穴而壞 : 천 길의 둑도 개미구멍 때문에 무너진다.

3) 시간

㉮ 以庚戌之歲十月 : 경술년 10월에.

㉯ 文以五月五日生 : 전문田文은 5월 5일에 태어났다.

4) 목적

㉮ 大塊 假我以文章 : 대자연(조물주)이 나에게 문장을 빌려주다.

㉯ 五畝之宅 樹之以桑 : 다섯 이랑의 집에 뽕나무를 심다.

5) 以의 기타 용법

㉮ 以爲 (~라 생각하다, 여기다)

㉠ 民猶以爲小也 : 백성이 오히려 작다고 여긴다.

㉡ 禍福之所自來 衆人以爲命 安知其所由 : 화와 복이 오는 곳을 일반 사람들은 천명이라 한다. 어찌 그 말미암는 바를 알겠는가?

㉺ 以A 爲B (A를 B라고 하다, 생각하다)

㉠ 以書窓爲螢窓 : 서창을 형창이라 한다.

㉡ 不以我爲貪 : 나를 탐욕스럽다고 여기지 않다.

5. 也

1) 단정

㉮ 直不百步耳 是亦走也 : 다만 백 보가 아닐 뿐이지 이 또한 도망간 것이다.

2) 의문

㉮ 追我者 誰也 : 나를 쫓는 자는 누구인가?

㉯ 且欲率諸侯 破秦也 : 장차 제후들을 거느리고 진나라를 쳐부수려 하는가?

3) 주어

㉮ 欲人之無惑也 難矣 : 사람이 의혹이 없고자 함은 어렵다.

㉯ 且夫水之也 不厚 則其負大舟也 無力 : 대저 물이 두텁지 않으면, 그 큰 배를 받치는 것이 힘이 없게 된다.

6. 矣

1) 단정

㉮ 朝聞道夕死可矣 : 아침에 도를 들으면 저녁에 죽어도 좋다.

㉯ 王不亟行 今敗矣 : 왕이 빨리 가지 않으면 지금 패할 것입니다.

2) 감탄

㉮ 噫甚矣 其無愧而不知恥也 : 아아, 심하구나. 그가 부끄러워함이 없고, 수치를 알지 못함이여!

㉯ 嘻亦太甚矣 先生之言也 : 아아, 또한 대단히 심하구나. 선생의 말이여!

7. 哉, 乎, 耶, 歟

1) 의문·반어문 등의 종결사

㉮ 如或知爾 則何以哉 : 만약 혹시라도 너를 알아준다면 어떻게 하겠느냐?

㉯ 人不知而不慍 不亦君子乎 : 다른 사람이 자기를 알아주지 않아도 성내지 않는다면 역시 군자가 아니겠는가?

㉰ 我則何故 獨爲衆人耶 : 나는 무슨 까닭으로, 유독 평범한 사람이 되었는가?

㉱ 寧有改理也歟 : 어찌 고칠 리가 있겠는가?

8. 與

1) 함께, 더불어

㉮ 與民同樂 : 백성과 더불어 함께 즐기다.

2) ~와(~과)

㉮ 吾與子之所共樂 : 나와 그대가 함께 즐기는 바이다.

3) 의문 종결사

㉮ 子非大夫與 : 그대는 대부가 아닌가?

9. 且

1) 또

㉮ 不義而富且貴 於我 如浮雲 : 의롭지 아니하면서 부하고 또 귀한 것은 나에게는 뜬구름과 같다.

㉯ 邦有道 貧且賤焉 恥也 : 나라에 도가 있을 때 가난하고 또 천한 것이 부끄럽다.

10. 及

1) 이르다 = 至

㉮ 唯酒無量 不及亂 : 술은 일정한 양이 없었으나 어지러움에 이르

지 않았다.

㉰ 苟患失之 無所不至矣 : 만일 잃는 것을 걱정한다면 이르지 않는 바가(못하는 짓이) 없을 것이다.

2) 와 = 與

㉮ 予及汝 偕亡 : 나와 네가 함께 망하리라.

㉯ 衛人及齊人戰 : 위나라 사람과 제나라 사람이 전쟁을 하다.

11. 自, 從, 由

1) ~로부터

㉮ 有朋自遠方來 不亦樂乎 : 벗이 먼 곳으로부터 오면 또한 즐겁지 아니한가?

㉯ 願從君借萬金 : 그대로부터 만금을 빌리고자 합니다.

㉰ 禮義 由賢者出 : 예의는 어진 이로부터 나온다.

12. 者

1) 사람

㉮ 奢者心常貧 儉者心常富 : 사치스러운 사람은 마음이 항상 가난하고, 검소한 사람은 마음이 항상 부유하다.

㉯ 智者不惑 仁者不憂 勇者不懼 : 지혜로운 사람은 미혹되지 않고 어

진 사람은 근심하지 않으며 용기 있는 사람은 두려워하지 않는다.

2) 사물, 존재

 ㉠ 農者天下之大本也 : 농사라는 것은 천하의 큰 바탕이다.

 ㉡ 人取可食者食之 : 사람들은 먹을 수 있는 것을 취해 먹는다.

3) 때

 ㉠ 今者吾見兩頭蛇 : 오늘에 나는 머리 둘 달린 뱀을 보았다.

 ㉡ 昔者吾舅死於虎 : 옛날에 나의 시아버지가 호랑이에게 죽임당했다.

13. 乃

1) 곧

 ㉠ 此乃不祥之物也 : 이것은 곧 상서롭지 못한 물건이다.

 ㉡ 荊軻者 衛人也 其先乃齊人 : 형가는 위나라 사람인데 그 선조가 곧 제나라 사람이다.

2) 이에

 ㉠ 天下分列 數世然後 乃定 : 천하가 분열되어 여러 세대가 지난 후 이에 평정되었다.

 ㉡ 侯生視公子色終不變 乃謝客就車 : 후생은 공자公子의 안색이 끝내 바뀌지 않는 것을 보고 이에 손님과 인사하고 수레에 올랐다.

14. 雖

1) 비록 ~이나(라도)

㉮ 人雖至愚 責人則明 : 사람이 비록 지극히 어리석더라도 남을 꾸 짖는 데에는 총명하다.

㉯ 國雖大 好戰必亡 : 나라가 비록 크더라도 전쟁을 좋아하면 반드 시 망한다.

15. 況

1) 하물며

㉮ 況陽春召我以煙景 : 하물며 따뜻한 봄날이 아름다운 경치로써 나 를 부르니.

㉯ 禮於死者 況生者乎 : 죽은 사람에게도 예를 행하였는데 하물며 산 사람에 대해서랴.

16. 則

1) ~하면

㉮ 越官則死 : 관직을 침해하면 죽는다.

㉯ 弟子 入則孝 出則悌 : 배우는 사람은 들어오면(들어와서는) 효도 하고 나가면(나가서는) 공경한다.

3부 한시漢詩의 이해

1장 한시漢詩의 구분區分

'한시'란 한자로 기록된 시를 일컫는 말이다. 중국의 것뿐만 아니라 주변의 한자문화권에서 한자로 기록한 시까지를 포함한다. 한시는 크게 고체시古體詩와 근체시近體詩로 구분된다.

1. 고체시古體詩

고체시를 흔히 고시古詩라고 일컫는다. ≪시경詩經≫을 포함하여 남북조시대 이전의 시는 모두 고체시이다. 고체시에는 압운押韻이 있으나 운을 바꾸는 것이 자유롭다. 또한 평측平仄의 제한이 없다.

평측平仄은 평성平聲과 측성仄聲, 즉 한자를 중국 음으로 읽을 때 4성四聲, 즉 평성平聲·상성上聲·거성去聲·입성入聲 중 하나로 읽는데, 평성을 제외한 나머지를 측성이라고 하였다. 이 책에서는 평측에 대해 깊이 다루지 않는다.

≪시경≫은 한 구句의 글자 수가 네 글자인 '사언四言'이 주로 사용되었고, ≪초사楚辭≫는 '육언六言'이 주로 사용되었다. 한편 한漢나라 때의 사부辭賦는 사륙언四六言이 많이 사용되었다.

이상과 같이 고체시의 시구는 4언, 5언, 6언, 7언을 비롯해 자수

많은 구절과 적은 구절을 섞어 지은 장단구長短句 및 악부시樂府詩도 포함된다.

악부시樂府詩란 음악을 관장하는 관청인 악부樂府에서 유래한 명칭으로, 장단구가 있는 노래가사로 볼 수 있으며, 이러한 형식의 시가 유행하기도 하였다. 우리나라에는 소악부小樂府·해동악부海東樂府 등이 있다. 고정된 격률格律이 없고 운을 사용하는 것도 자유롭다. 고체시란 근체시에 대립해 정해진 개념이다.

2. 근체시近體詩

근체시의 구조는 고체시에 비해 고정적이고 엄격한 율격律格이 있다. 고체시가 발전하여 근체시가 되었는데, 변려체騈儷體(즉 사륙체)를 과도기적인 것으로 보는 견해도 있다. 근체시는 5언과 7언이 주로 사용되었으며, 남북조시대에 나타나기 시작하여 당나라 때에 이르러 완성되었으며, 엄격한 율격을 요구하는 한시이다.

근체시는 율시律詩와 절구絶句 두 가지로 구분된다. 율시는 8구로 이루어져 있으며(두 구가 한 연聯이 되므로 4연으로 이루어져 있다고 할 수 있다.) 5언시일 경우 '오언율시五言律詩'라고 일컫고 줄여서 '오율五律'이라고 한다. 또한 7언시일 경우 '칠언율시七言律詩'라고 일컫고 줄여서 '칠율七律'이라고 한다.

8구를 초과하면 배율시排律詩라고 하며 5언시일 경우 '오언배율시'라고 일컫고 줄여서 '오언배율五言排律(혹은 오배五排)'이라고 하며, 7언시일 경우 '칠언배율시'라고 일컫고 줄여서 '칠언배율七言排律(혹은 칠

배七排)'이라고 한다. 배율을 장율長律이라고도 한다.

절구는 4구의 근체시를 일컫는 말로 5언시는 '오언절구五言絶句', 7언 시는 '칠언절구七言絶句'라고 일컫는다. 절구는 겉으로 보면 율시의 반을 자른 모양새이다.

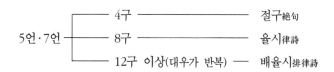

즉 5언이며 4구이면 '5언절구'

  〃   8구이면 '5언율시'

  〃   12구 이상이면 '5언배율시'

또 7언이며 4구이면 '7언절구'

  〃   8구이면 '7언율시'

  〃   12구 이상이면 '7언배율시'

❑ 오언시五言詩

오언시의 기원을 한나라 때 이릉李陵의 〈여소무시與蘇武詩〉로 보기 도 하나, 이는 후대의 위작으로 여기는 경향이 있어, 대개 동한東漢 시 기의 〈고시십구수古詩十九首〉로 보는 것이 일반적이다.

❑ 칠언시七言詩

칠언시의 유래는 서한西漢 시기에 시작되었다고 보는데, 당시 7언시는 매구마다 운이 있었고 이를 '백량체柏梁體'라 불렀다. 백량체는 한 무제漢武帝와 그의 신하 25명이 7언시를 한 구씩 돌아가며 읊은 것이라고 하는데, 이 역시 위작이라고 여기는 사람들이 있다.

❑ 육언시六言詩

　육언시의 유래는 자세히 알수가 없다. 다만 ≪문심조룡文心雕龍≫에 "3언시·6언시·잡체시雜體詩는 ≪시경詩經≫에서 시작되었다."라고 하였고, ≪문체명변文體明辯≫에는 "육언시는 한漢나라 사농司農이었던 곡영谷永에게서 비롯되어 위魏와 진晉의 조식曹植과 육기陸機·육운陸雲이 간간이 내놓더니 그 뒤에 작자作者가 점점 많아졌다."라고 하였다. 이렇게 보면 육언시의 흔적이 보이는 것은 ≪시경≫이고 이후 한나라 때 와서 지은이가 출현하는 셈이다.

　≪시경≫에 들어 있는 육언시는 〈주남周南〉편의 〈권이卷耳〉이다. 그러나 ≪시경≫은 당시 여러 나라의 노래를 엮어놓은 것으로 지은이가 불명한 상태이다. 따라서 육언시는 곡영이 처음 시작하였다는 것이 일반적인 견해이다.

　곡영은 한나라 때 사농 벼슬을 지낸 인물로 문재文才가 있었다고 전해지는데, 그의 육언시는 현재 전해지지 않는다. ≪문체명변≫에서 밝히고 있듯이 육언시는 그 이후 많은 사람들에 의해 지어졌을 것으로 추정할 수 있는데, 실상 남아 있는 것이 많지 않은 것으로 보아 크게 유행하지는 않았다고 볼 수 있다.

　이상의 내용을 정리하면 다음과 같다.

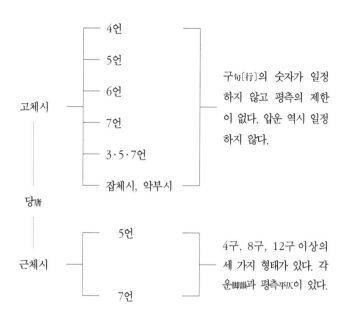

고체시 ─┬─ 4언
        ├─ 5언
        ├─ 6언   구句[行]의 숫자가 일정
        ├─ 7언   하지 않고 평측의 제한
        ├─ 3·5·7언   이 없다. 압운 역시 일정
        └─ 잡체시, 악부시 하지 않다.

당唐

근체시 ─┬─ 5언   4구, 8구, 12구 이상의
        │   세 가지 형태가 있다. 각
        └─ 7언   운脚韻과 평측平仄이 있다.

❏ 고체시와 근체시의 구분법

고체시와 근체시를 구분하기 위해서는 근체시의 특징을 정확히 이해하기만 하면 된다. 그러나 근체시의 가장 큰 특징인 평측은 쉽게 확인할 수 있는 것이 아니므로, 시를 보고 금방 구분할 수 있는 방법을 제시하면 다음과 같다

① 5언·7언이다.

② 4구·8구·12구 이상이다.

③ 각운이 있다. 각 구의 맨 끝 글자의 끝소리가 같다.

• 각운하는 방법은 5언시와 7언시가 각각 다르다. 두 경우 모두 짝수

행에 운자가 있는데, 5언시는 1구에 없는 것이 원칙이나 있을 수도 있다. 7언시는 1구에 있는 것이 원칙이다. 다음 장의 각운법 참조.

④ 당나라 이후의 시이다.

• 당 이후에도 고체시를 지었다.

🔲 다음 시의 형식을 알아보자.

> **春水滿四澤** : 봄 물은 사방 연못마다 가득하고,
> 춘 수 만 사 택
>
> **夏雲多奇峯** : 여름 구름은 기이한 봉우리 모양이 많네.
> 하 운 다 기 봉
>
> **秋月揚明輝** : 가을 달은 밝은 빛을 휘날리고,
> 추 월 양 명 휘
>
> **冬嶺秀孤松** : 겨울 산마루엔 외로이 소나무 솟아 있네.
> 동 령 수 고 송

🔲 오언고시五言古詩

• 이 시는 도연명陶淵明의 〈사시四時〉라는 작품으로, 각운이 있고 5언시이나, 평측이 근체시와 어긋난 고시이다. 또한 도연명은 동진東晉 때 사람으로 아직 근체시가 성립되기 이전의 인물이다.

2장 한시漢詩의 구성構成

1. 압운법押韻法

압운은 시를 짓는 데 시구의 일정한 자리에 공통의 운을 규칙적으로 배열하는 것을 말하는데, 흔히 '운을 단다'라고 한다. 시구의 맨 끝에 달기 때문에 흔히 각운脚韻이라고 하며 혹 운각韻脚이라고도 한다.

한漢나라 시기에는 압운에 비교적 관대했지만 육조시대에 들어 엄격해지기 시작했다. 그러나 당나라 초기까지 그럴듯한 압운 관련 서적이 없었다. 다만 수隋나라 시기 ≪절운切韻≫이 존재하기는 했지만 표준이 될 만한 것이 아니었고, 당 현종 연간에 ≪절운≫을 수정한 ≪당운唐韻≫이 편찬되어 사용되었지만 이 역시 전문적인 압운 관련 서적으로 보기 어려운 것이었다. 이후 송宋나라 때 들어와 ≪절운≫과 ≪당운≫을 수정 보완한 26,100여 자가 수록된 ≪광운廣韻≫이 진팽년陳彭年에 의해 편찬되었다. 이후 ≪집운集韻≫·≪운략韻略≫ 등의 운서들이 나왔는데 압운은 중국 사람들에게도 그리 만만한 것이 아니었다. 운이 서로 비슷하거나 같은 것을 통용하자는 주장이 제기된 것이 이를 반증한다고 할 수 있다.

5언시는 일반적으로 절구·율시·배율시에 상관없이 1구에는 압운하지 않고 짝수 구에만 압운하며, 7언시는 1구를 비롯해 짝수 구에 압운한다. 그러나 5언시라도 1구에 압운할 수 있다.

압운 방법은 글자의 중성中聲과 종성終聲이 같은 한자를 배열하는 것이다.

山雨夜鳴竹 : 산속의 빗줄기가 밤새 대숲을 울리고,
산 우 야 명 죽

草蟲秋近床 : 풀벌레 소리 가을이 되니 침상에 가깝네.
초 충 추 근 상

流年那可駐 : 흐르는 세월 어찌 멈출 수 있으랴.
유 년 나 가 주

白髮不禁長 : 흰머리만 길어지는 걸 막을 수 없구나.
백 발 불 금 장

정철鄭澈, 〈추일작秋日作〉

위의 시의 운자韻字는 床과 長이다. 중성과 종성이 일치하는 것을 알 수 있다. 압운이 되어 있고 오언이며 4구이니 근체시이며 형식은 '오언절구'이다. 그렇다면 다음 시의 형식은 무엇일까?

春眠不覺曉 : 봄잠에 날 새는 줄 몰랐더니,
춘 면 불 각 효

處處聞啼鳥 : 여기저기서 새울음 들리네.
처 처 문 제 조

夜來風雨聲 : 밤 내내 비바람 몰아치는 소리,
야 래 풍 우 성

花落知多少 : 꽃이 얼마나 많이 진줄 알겠네.
화 락 지 다 소

맹호연孟浩然, 〈춘효春曉〉

이 시의 운자는 曉, 鳥, 少이다. 제1구에도 압운한 경우이다. 음이 각각 '효', '조', '소'이므로 모음이 일치하지 않지만 이는 우리나라 음이고 중국 음으로는 일치한다. ― 물론 경우에 따라 중국음이 변하여 시를 지을 당시와 현재가 차이 나는 경우도 있을 수 있다. ― 따라서 '오언절구'이다.

이와 같이 우리나라 음으로 보면 중성이 다른 경우가 흔히 있다. 東(동)과 弓(궁) 등은 같은 운에 속하여 함께 운자로 사용할 수 있지만, 東(동)과 洞(동)은 같은 운이 아니므로 운자로 사용할 수 없다. 성조聲調가 다르기 때문이다(洞은 입성). 이처럼 중성에서 혼동이 생기기 때문에 운자에 대해 설명할 때 중성은 언급하지 않고 '종성을 같게 하는 것'이라고 하는 경우가 많다.

압운은 끝소리[종성]를 같게 하여 시의 음악적인 효과를 높이는 것이라 할 수 있는데, 사성이 없는 우리나라에서는 한시에 압운을 한다고 하여 중국에서만큼 음악적인 효과가 높지 않았을 것이며, 오히려 한시를 짓는 데 걸림돌이 되었을 것으로 보인다.

근체시의 압운은 사성 중에서 대체로 평성자平聲字를 사용한다. 사성이 없는 우리나라에서는 한자 하나하나의 사성을 암기할 수밖에 없었고, 이는 지난한 일이었기 때문에 옛사람들은 평성자로 이루어진 운자 사전을 가지고 다니며 한시를 짓기도 했다. 이 운자 사전 중 지금까지 많이 알려진 것이 조선 정조 때에 출판된 ≪규장전운奎章全韻≫이다.

❏ 압운법押韻法은 크게 '일운도저격一韻到底格'과 '환운격換韻格'의 두 가지가 있다. 일운도저격은 한 수의 시에 처음부터 끝까지 같은 운의 글자로 압운하는 방법이고, 환운격은 한 수의 시 안에서 다른 운의 글자로 바꾸어 압운하는 방법을 말한다. 근체시의 압운법은

일운도적격을 원칙으로 하고, 고체시는 두 가지가 모두 허용된다. 이상을 정리하면 다음과 같다.

5언절구	5언율시	7언절구	7언율시
○○○○○	○○○○○	○○○○○○◉	○○○○○○◉
○○○○◉	○○○○◉	○○○○○○◉	○○○○○○◉
○○○○○	○○○○○	○○○○○○○	○○○○○○○
○○○○◉	○○○○◉	○○○○○○◉	○○○○○○◉
	○○○○○		○○○○○○○
	○○○○◉		○○○○○○◉
	○○○○○		○○○○○○○
	○○○○◉		○○○○○○◉

◉ : 압운

❑ 각 구의 명칭

절구	율시
1구 － 기구起句	1·2구 － 수련首聯
2구 － 승구承句	3·4구 － 함련頷聯
3구 － 전구轉句	5·6구 － 경련頸聯
4구 － 결구結句	7·8구 － 미련尾聯

2. 대우법對偶法

대우는 한문 수사법修辭法의 일종으로 흔히 '대구對句' 또는 '대장對杖'이라고도 한다. 대구라는 명칭은 중국 남조南朝 양梁나라의 유협劉勰이 지은 ≪문심조룡文心雕龍≫ 〈여사麗辭〉에서 비롯되어 오랜 기간 사용되었는데, 수련·함련·경련·미련의 앞 구를 '출구出句'라고 하고 이에 대칭되는 구를 '대구'라 칭하기 때문에 혼란을 피하고자 대우라는 용어를 사용하는 것이다. 대장의 장仗은 고대의 의장儀仗에서 온 것으로 양쪽이 서로 대칭을 이루고 있기 때문에 비롯된 명칭으로 보인다.

대우는 《서경書經》과 같은 산문散文에서도 나타나 있으나, 삼국시대 위魏나라 조식曹植 이후 시인들이 이러한 수사법을 의식적으로 운용하기도 하였고, 남북조시대 때 와서 중요시되었다. 특히 변려체 문장을 지을 때 대우를 중요시했는데, 항상 4자·6자를 한 구로 삼았고 평측平仄까지 따졌다. 아울러 전고典故의 사용을 요구했고 아름다운 문장과 화려한 단어를 중요시했다.

한시에서 대우법을 사용하여 음악적인 효과를 높이기도 하는데, 당唐나라 시대에 들어와 율시가 정착되면서 평측平仄과 함께 근체시近體詩의 가장 중요한 요소로 자리잡게 된다. 절구에서는 대우가 필수적인 것은 아니나, 율시에서 함련(즉 3구와 4구)은 대우가 원칙이고, 경련(즉 5구와 6구)은 필수이다.

대우를 맞추기 위해서는 같은 글자를 쓰는 것을 피하고, 문장의 성분을 서로 맞추고 단어의 배합도 적절하게 해야 한다. 아래의 시를 보자.

昨過永明寺 : 어제 영명사에 들렀다가,
작 과 영 명 사

暫登浮碧樓 : 잠시 부벽루에 올랐어라.
잠 등 부 벽 루

城空月一片 : 성은 텅 비고 한 조각 달이요,
_{성 공 월 일 편}

石老雲千秋 : 오래된 바위에 천 년의 구름이라.
_{석 로 운 천 추}

麟馬去不返 : 기린마는 가고 돌아오지 않는데,
_{인 마 거 불 반}

天孫何處遊 : 천손은 어느 곳에 노니는가?
_{천 손 하 처 유}

長嘯依風磴 : 길게 읊조리며 돌난간에 기대서니,
_{장 소 의 풍 등}

山青江自流 : 산은 푸르고 강은 절로 흐르네.
_{산 청 강 자 류}

이색李穡, 〈부벽루浮碧樓〉

　함련(3, 4구)을 보면 城空(성이 빔)의 대우는 石老(돌이 오래됨)이며
구조는 '주술구조'이다. 月一片과 雲千秋는 사물과 숫자 등을 대칭으
로 배열한 완벽한 대우이다. 경련(5, 6구)에서는 명사인 麟馬의 대우
天孫 역시 명사이며, 去不返과 그 대우 何處遊 모두 서술어이다. 한
편 이시는 수련(1, 2구)에도 대우가 사용되었다. 昨過(어제 방문함)와
暫登(잠시 오름)은 각각 서술어구, 永明寺와 浮碧樓는 각각 명사로
완벽한 대우를 이루고 있다.

3. 시상詩想의 전개展開

　일반적으로 한시는 전반부에서 주변의 경관이나 객관적인 상황을
읊고, 후반부에서 자기의 주관을 담아 결론을 짓는 형태를 취하나,
필수적인 것이 아니다. 또한 두보杜甫 시의 특징을 선경후정先景後情

(앞부분은 경치를, 뒷부분은 작자의 감정을 드러냄)이라고 하는데, 기타의 시인들에게서도 흔히 찾을 수 있는 한시의 특징 중 하나이다. 따라서 작자가 말하고자 하는 주제는 후반부에 있는 경우가 일반적이다. 일반적인 시의 시상 전개 과정에 대해 정리하면 다음과 같다.

기구·수련 : 자연의 정경이나 주위의 사실 등으로부터 시상을 불러일으킴.

승구·함련 : 기구에서 일으킨 시상을 이어받아 더욱 세밀하게 발전시킴.

전구·경련 : 시상을 한번 변화시켜, 기·승구와 다르게 시상을 전개시킴.

결구·미련 : 기·승·전구의 시상을 마무리 지어, 주제를 담아 끝맺음.

대개의 한시는 격식이 기승전결起承轉結로 이루어져 있다. 기승전결의 사전적 풀이가 '시문詩文을 짓는 격식'으로 되어 있는 이유가 바로 이 때문이다.

4. 일반적인 해석방법

한시의 해석은 특별히 요령이 따로 있는 것은 아니다. 그러나 모든 시가 그런 것은 아니지만 다음과 같이 구성되는 경우가 일반적이라는 것을 발견할 수 있다.

5언시의 경우	7언시의 경우
○ ○/○ ○ ○	○ ○/○ ○/○ ○ ○
○ ○/○ ○ ○	○ ○/○ ○/○ ○ ○
○ ○/○ ○ ○	○ ○/○ ○/○ ○ ○
○ ○/○ ○ ○	○ ○/○ ○/○ ○ ○

구성이 위와 같으므로 해석도 위와 같이 끊어서 하면 쉬울 수가 있다. 또 읽을 때도 위와 같이 끊어 읽는다. 단 7언시의 경우는 위와 같이 읽지 않고 4글자/3글자(○○○○/○○○)로 끊어 읽는 것이 보통이다.

5. 한시의 감상법

한시는 고도의 함축성含蓄性을 지닌 문학 양식이다. 따라서 한시를 읽고 감상하는 데는 많은 주의와 연구가 필요할 수 있다. 물론 시 자체의 의미만을 감상할 수도 있지만, 시를 바르고 깊게 이해하고 감상하려면 다음 몇 가지 사항에 주의를 기울여야 한다.

(1) 시인의 삶과 시대 상황에 대해 이해한다.

(2) 시의 제목을 이해한다.

(3) 주제를 파악한다.

(4) 시가 비유하거나 상징하는 원관념을 찾는다.

(5) 형식에 따른 시상詩想의 전개 방식을 알아야 한다.

4부 문장 해석의 실제

1장 산문散文

'산문散文'이란 한시漢詩와 대척적인 개념으로 글자수와 평측平仄·각운脚韻 등의 외형적外形的 규범에 얽매이지 않고 자유롭게 쓴 글을 말한다. 다만 성률聲律과 대우對偶를 중시하는 변려문騈驪文도 산문에 속한다.

伯夷·叔齊
백 이 숙 제

伯夷叔齊는 孤竹君之二子也라 父欲立叔齊러니 乃父卒에
백 이 숙 제   고 죽 군 지 이 자 야   부 욕 립 숙 제   내 부 졸

叔齊가 讓伯夷하다 伯夷曰 父命也라하여 遂逃去하니 叔齊도
숙 제   양 백 이   백 이 왈 부 명 야   수 도 거   숙 제

亦不肯立하여 而逃之라 國人이 立其中子하다   ≪史記≫
역 불 긍 립   이 도 지   국 인   입 기 중 자   사 기

| 주요 한자 |

伯 백 맏
夷 이 오랑캐
叔 숙 아저씨

讓 양 사양하다
逃 도 달아나다
肯 긍 즐기다

| 구절 풀이와 문법 |

1. 伯夷叔齊는 孤竹君之二子也라 : 백이와 숙제는 고죽국孤竹國 임금
   의 두 아들이다.

   • 伯 : 주로 형제 가운데 맏형을 가리킨다. 4형제라면, 두 번째는 중仲,
     세 번째는 숙叔, 그리고 막내는 계季가 된다. 따라서 백이伯夷는 장남
     이며, 숙제叔齊는 삼남임을 알 수 있다.

2. 父欲立叔齊러니 乃父卒에 叔齊가 讓伯夷하다 : 아버지가 숙제를 왕
   으로 세우려 하였는데, 아버지가 죽자 숙제가 형 백이에게 왕위
   를 사양했다.

   • 立 : 세우다. 자동사로 쓰일 때는 '서다'이지만, 타동사로 쓰일 때는
     '세우다'라고 해야 옳다. 여기서는 '왕으로 세운다'는 뜻이다.

   • 卒 : '하인, 무리, 군사, 갑자기, 마치다, 죽다' 등의 뜻이 있다. 여기서
     는 '죽다'의 뜻으로 쓰였다.

3. 伯夷曰 父命也라하여 遂逃去하니 叔齊도 亦不肯立하여 而逃之라 國人이
   立其中子하다 : 백이가 "아버지의 명령이다."라 말하고 결국 도망
   가버리니, 숙제 또한 왕위에 오르려 하지 않고 달아나버렸다.
   나라 사람들이 그 가운데 아들을 왕으로 세웠다.

   • 遂 : '이루다, 나가다, 따르다, 드디어' 등의 뜻이 있다. 여기서는 '드
     디어'라는 부사로 쓰였다.

| 해설 및 감상 |

《사기史記》〈백이열전伯夷列傳〉에 나온다. 아버지의 명을 따르겠
다는 백이와, 아버지의 명을 어기고서라도 차서에 따라 형이 왕위에

올라야 한다는 숙제의 우애友愛가 잘 드러나 있다. 오늘날 서로 빼앗고 빼앗기는 것이 당연한 것처럼 여겨지는 각박한 경쟁시대를 살아가는 우리에게 시사하는 바가 크다.

愛生惡死
애 생 오 사

愛生惡死는 人與物同也라 但人有智而物無智하고 人能言
애 생 오 사   인 여 물 동 야   단 인 유 지 이 물 무 지   인 능 언

而物不能言하고 人力能制物而物不能制人이라 故로 殺而
이 물 불 능 언   인 력 능 제 물 이 물 불 능 제 인   고   살 이

食之不忌하나니 此豈天理리오   《芝峯類說》
식 지 불 기   차 기 천 리   지 봉 유 설

| 주요 한자 |

惡 악·오 악하다, 미워하다   忌 기 꺼리다

| 구문 풀이와 문법 |

1. 愛生惡死는 人與物同也라 : 삶을 사랑하고 죽음을 미워함은 사람
   과 동물이 같다.

   • 愛生惡死 : 삶을 사랑하고 죽음을 미워하다. '惡'는 '오 미워하다'.

   • 人與物 : 사람과 동물. '與'는 '~와(과)'.

2. 但人有智而物無智하고 人能言而物不能言하고 人力能制物而物不能
   制人이라 : 다만 사람은 지혜가 있으나 동물은 지혜가 없고, 사람
   은 말할 수 있으나 동물은 말할 수 없으며, 사람의 힘은 동물을
   제압할 수 있으나 동물은 사람을 제압할 수 없다.

- 但 : 다만. 단지. 한정형의 문장이다.

- 能言 : 말할 수 있다. 또는 말을 잘하다.

- 不能 : ~할 수 없다.

3. 故로 殺而食之不忌하나니 此豈天理리오 : 그러므로 죽여서 그것을 먹는 것을 꺼리지 않으나 이것이 어찌 하늘의 이치이겠는가?

- 殺而食之 : 죽여서 그것을 먹다. '而'는 '~하여', '之'는 '그것(物)'.

- 豈天理 : 어찌 하늘의 이치이겠는가? 반어형의 문장이다.

| 해설 및 감상 |

사람과 동물이 다른 점은 무엇인가? 사람에게는 무엇보다도 지혜智慧가 있다. 또한 사람만이 언어言語를 사용하며, 사람은 동물을 제압하기도 한다. 그러나 그렇다고 하여 사람이 동물을 함부로 잡아먹는 것이 반드시 정당한 것은 아니라 한다. 사람이나 동물이나 모두 삶을 사랑하고 죽음을 싫어하는 것, 즉 대자연 앞에서 모든 생명이 존귀尊貴함을 역설한 글이다.

西施矉
서 시 빈

西施病心하여 而矉其里한대 其里之醜人이 見而美之하여
서시병심　　이빈기리　　기리지추인　　견이미지

歸亦捧心하고 而矉其里라 其里之富人이 見之하고 堅閉門
귀역봉심　　이빈기리　기리지부인　견지　　견폐문

而不出하며 貧人은 見之하고 挈妻子而去之走라 彼知美矉이나
이불출　　빈인　견지　　설처자이거지주　피지미빈

而不知矉之所以美니라　　　　　　　　　　　《莊子》
이 부 지 빈 지 소 이 미　　　　　　　　　　　장 자

│주요 한자│

矉 빈 찡그리다　　　　　　　　　　堅 견 굳다
捧 봉 받들다　　　　　　　　　　　挈 설 이끌다

│구절 풀이와 문법│

1. 西施病心하여 而矉其里한대 其里之醜人이 見而美之하여 : 서시가 심
   장병을 앓아 그의 동네에서 얼굴을 찌푸렸는데, 그 동네의 추녀
   가 보고 아름답게 여겨,

   • 西施 : 오吳나라 임금 부차夫差의 총희寵姬였던 월越나라 미인이다.

   • 見而美之 : 보고서 그를 아름답게 여기다. '而'는 '그리고', '之'는 '그
     (서시)'.

2. 歸亦捧心하고 而矉其里라 : 돌아와서는 자기도 가슴을 부여잡고
   서 그의 동네에서 얼굴을 찌푸렸다.

   • 捧心 : 가슴〔心〕을 부여잡다〔捧〕.

3. 其里之富人이 見之하고 堅閉門而不出하며 : 그 마을의 부자는 그것
   을 보고 굳게 문을 닫고 나가지 않았고,

4. 貧人은 見之하고 挈妻子而去之走라 : 가난한 사람은 그것을 보고
   처자를 이끌고 마을을 떠나 달아났다.

   • 去之走 : 그곳〔之〕을 버리고 달아나다.

5. 彼知美矉이나 而不知矉之所以美니라 : 그 여자는 찌푸리는 것이
   아름다운 줄만 알았지, 얼굴을 찌푸리는 것이 아름다운 까닭은
   알지 못했다.

   • 彼 : '저', '그'. 3인칭 대명사이다.

   • 而 : '그러나'. 역접의 뜻을 가진 접속사이다.

   • 所以美 : 아름다운 까닭. '所以'는 '까닭'을 뜻한다.

| 해설 및 감상 |

자신의 처지를 모르고 남이 하는 것이 좋아 보여 무조건 따라하
는 것을 비꼬는 말 중에 '숭어가 뛰니까 망둥이도 뛴다.'는 속담이
있다. 바탕이 아름답기 때문에 찡그려도 아름다운 것인데, 찡그려서
아름다운 것이라 생각했다. 아름답지 않은 데다 찡그리고 다녔으니
그 모습이 어떠했겠는가.

蛇足
사 족

楚有祠者하여 賜其舍人卮酒하니 舍人이 相謂曰 數人이 飮
초유사자   사기사인치주   사인   상위왈 수인   음

之면 不足이요 一人이 飮之면 有餘하니 請畫地爲蛇하여 先成
지   부족   일인   음지   유여   청화지위사   선성

者가 飮酒라 一人이 蛇先成하여 引酒且飮之하며 乃左手로
자   음주   일인   사선성   인주차음지   내좌수

持卮하고 右手로 畫地曰 吾能爲之足이라 未成에 一人之蛇
지치   우수   화지왈 오능위지족   미성   일인지사

成하여 奪其卮曰 蛇固無足이라 子安能爲之足이리오 遂飮其
성   탈기치왈 사고무족   자안능위지족   수음기

酒하니 爲蛇足者는 終亡其酒러라   ≪戰國策≫
주   위사족자   종망기주   전국책

| 주요 한자 |

祠 사 제사 지내다   持 지 가지다
賜 사 주다   奪 탈 빼앗다
卮 치 술잔   遂 수 이루다, 드디어
畫 화 그림, 그리다

| 구절 풀이와 문법 |

1. 楚有祠者하여 賜其舍人卮酒하니 : 초楚나라에 제사를 지내는 자가

있었는데, 하인들에게 술 한 잔을 내려주자

- 舍人 : 한 집안의 잡무를 맡은 사람이다.

2. 舍人이 相謂曰 數人이 飮之면 不足이요 一人이 飮之면 有餘하니 : 하인들이 서로 말하기를 "여러 사람이 마시기에는 부족하고 한 사람이 마시기에는 여유가 있으니,

- 飮之 : 그것을 마시다. '之'는 '그것'의 뜻으로, 여기서는 巵酒를 가리킨다.

3. 請畫地爲蛇하여 先成者가 飮酒라 : 청컨대 땅에 뱀을 그려서, 먼저 완성한 자가 술을 마시도록 하자." 하였다.

- 畫地爲蛇 : 땅에 그려 뱀을 만들다. 즉 땅에 뱀을 그리다.
- 先成者 : 먼저 완성한 자. 즉 먼저 그린 자.

4. 一人이 蛇先成하여 引酒且飮之하며 : 한 사람이 뱀을 먼저 완성하여 술을 당겨 장차 마시려고 하면서,

- 蛇先成 : 뱀을 먼저 완성하다.
- 且 : 장차 ~하려 하다.

5. 乃左手로 持巵하고 右手로 畫地曰 吾能爲之足이라 : 왼손으로는 잔을 잡고 오른손으로 땅에 그리며 "나는 뱀의 발을 그릴 수 있다." 하였다.

- 乃 : 이에, 이리하여.
- 吾能爲之足 : 내가 그 발을 만들 수 있다. 즉, 나는 뱀의 발을 그릴 수 있다.

6. 未成에 一人之蛇成하여 奪其巵曰 : 아직 〈발이〉 다 이루어지지 않았는데, 다른 한 사람이 뱀을 다 그리고서 잔을 빼앗으며 말하

기를,

• 未 : 아직 ~ 아니다.

7. 蛇固無足이라 子安能爲之足이리오 : "뱀은 본디 발이 없다. 그대는 어찌 그것의 발을 그릴 수 있는가?" 하고는,

• 固 : 본디, 본래.

• 子 : 그대, 당신. 2인칭 대명사.

• 子安能爲之足 : 반어형이다. "그대가 어찌 그것(뱀)의 발을 그릴 수 있겠는가?"라고 물은 것은, 결코 뱀의 발을 만들 수 없다는 것을 강조한 말이다.

8. 遂飮其酒하니 爲蛇足者는 終亡其酒러라 : 드디어 그 술을 마셔버렸다. 뱀의 발을 그렸던 자는 끝내 술을 잃고 말았다.

• 遂 : 드디어.

• 終 : 마침내, 끝내.

| 해설 및 감상 |

'사족蛇足'은 재미있는 이야기이다. 뱀 그리기 시합을 하는 과정도 재미있거니와 자기 재주만 믿고 쓸데없는 일을 하다가 오히려 자기 몫을 빼앗기는 과정은 읽는 이로 하여금 절로 웃음 짓게 한다.

우리는 때로 일상생활에서 쓸데없는 군일이나 군말을 하다가 낭패를 당하는 경우를 종종 경험한다. '뱀을 그리면서 발을 덧붙이는' 어리석음은 범하지 않도록 해야 할 것이다.

杞憂
기 우

杞國에 有人이 憂天地崩墜면 身無所寄라하여 廢寢食者러니
기 국　유 인　우 천 지 붕 추　신 무 소 기　　폐 침 식 자

又有憂彼之所憂者하여 因往曉之曰 天積氣耳라 無處無
우 유 우 피 지 소 우 자　　인 왕 효 지 왈　천 적 기 이　　무 처 무

氣어늘 奈何憂崩墜乎아　　　　　　　　　　　　　　《列子》
기　　내 하 우 붕 추 호　　　　　　　　　　　　　　　　열 자

| 주요 한자 |

杞 기 나라이름, 구기자　　　　　廢 폐 폐하다, 그만두다
崩 붕 무너지다　　　　　　　　　寢 침 잠자다
墜 추 떨어지다　　　　　　　　　曉 효 새벽
寄 기 맡기다, 부치다

| 구절 풀이와 문법 |

1. 杞國에 有人이 憂天地崩墜면 身無所寄라하여 廢寢食者러니 : 기杞나
   라의 어떤 사람이 하늘과 땅이 무너지고 떨어지면 몸을 붙일
   곳이 없음을 걱정하여 먹고 자는 것을 그만둔 자가 있었다.

   • 有~者 : ~한 사람이 있다.

   • 天地崩墜 : 본래는 '天崩地墜'라고 해야 한다. 즉 하늘이 무너져 내리
     고 땅이 떨어져버린다는 뜻이다. 그런데 '天地'를 합하고 '崩墜'를 합
     하여 '하늘과 땅이 무너지고 떨어지다.'가 된 것이다. 한문에는 이런

표현이 많이 있다.

2. 又有憂彼之所憂者하여 因往曉之日 : 또 그 사람이 걱정하는 것을 걱정해주는 사람이 있어 이 때문에 가서 그를 깨우쳐 말하였다.

- 憂彼之所憂 : 그가 걱정하는 바를 걱정하다. '彼'는 하늘과 땅이 무너지고 떨어질까 걱정하는 사람을 가리킨다.

- 因往曉之 : '因'은 '인하여', '그 때문에'라고 해석하면 된다. '之'는 대명사로서 '그'라고 풀이한다.

3. 天積氣耳라 無處無氣어늘 奈何憂崩墜乎아 : "하늘은 기氣가 쌓인 것일 뿐이다. 기가 없는 곳이 없거늘 어찌 무너질까 근심하는가?"

- 耳 : '~뿐이다, ~따름이다'의 뜻을 갖는 한정사이다.

- 無處無氣 : 이중부정이다. '어느 곳이든 기가 없는 곳이 없다.'로 풀이하며, 세상 모든 곳에는 기가 있음을 강조하는 말이다.

- 奈何乎 : '어찌 ~하리오?' 반어형이다. 그렇지 않다는 뜻을 반어적으로 나타내는 용법이다.

| 해설 및 감상 |

'기우杞憂'라는 고사성어故事成語를 탄생하게 한 이야기이다. 하늘을 쳐다보면서 하늘이 무너질까, 길을 가면서 땅이 꺼질까 걱정되어 결국에는 침식寢食마저 끊고 만다. 그러자 그 사람이 그토록 심하게 걱정하는 것을 걱정하는 사람이 또 있어, 그에게 가서 설득하는 대목이다. 하늘과 땅은 절대로 무너지거나 꺼질 수 없는데도 걱정을 한다는 데서 나온 '기우杞憂(기나라 사람의 걱정)'는 '쓸데없는 걱정'이라는 뜻으로 쓰인다.

借鷄騎還
차 계 기 환

金先生은 善詠笑라 嘗訪友人家러니 主人이 設酌하되 只佐
김 선 생   선 회 소   상 방 우 인 가   주 인   설 작   지 좌

蔬菜하고 先謝曰 家貧市遠하여 絶無兼味요 惟淡泊하니 是
소 채   선 사 왈 가 빈 시 원   절 무 겸 미   유 담 박   시

愧耳로다 適有群鷄하여 亂啄庭除어늘 金曰 大丈夫는 不惜
괴 이   적 유 군 계   난 탁 정 제   김 왈 대 장 부   불 석

千金하니 當斬吾馬하여 佐酒하리라 主人曰 斬馬면 騎何物而
천 금   당 참 오 마   좌 주   주 인 왈 참 마   기 하 물 이

還고 金曰 借鷄騎還하리라하니 主人이 大笑하고 殺鷄餉之하니라
환   김 왈 차 계 기 환   주 인   대 소   살 계 향 지

《太平閑話滑稽傳》
태 평 한 화 골 계 전

| 주요 한자 |

借 차 빌리다
騎 기 말 타다
善 선 잘하다
詠 회 희롱하다
酌 작 술 따르다, 술잔
佐 좌 돕다
蔬 소 나물, 푸성귀
絶 절 전혀, 끊다

兼 겸 겸하다
淡 담 맑다
泊 박 (배를) 대다
愧 괴 부끄럽다
啄 탁 쪼다
除 제 뜰, 없애다
斬 참 베다
餉 향 먹이다

┃ 구절 풀이와 문법 ┃

1. **金先生**은 **善談笑**라 : 김선생은 우스갯소리를 잘하였다.

   • 善 : 잘하다.

2. **嘗訪友人家**러니 : 일찍이 친구의 집을 방문하였더니,

   • 友人家 : '친구 사람의 집'인데, 여기서는 '친구 집'으로 해석한다.

3. **主人**이 **設酌**하되 **只佐蔬菜**하고 : 주인이 술상을 차렸는데 오로지 채소 안주뿐이었다.

   • 設酌 : '술자리를 베풀었다'는 말이다. 只는 '다만 ~일 뿐이다.'

   • 佐蔬菜 : 蔬菜는 채소菜蔬와 같은 말이다. '채소로 돕다', 즉 푸성귀뿐 인 안주로, 안주가 형편없다는 말이다.

4. **先謝曰** : 먼저 사과하며 말하기를,

5. **家貧市遠**하여 **絶無兼味**요 : "집이 가난하고 시장이 멀어서 맛있는 음식이라고는 전혀 없고,

   • 絶 : '無'를 수식하는 부사로 쓰였는데 뜻은 '전혀'이다.

   • 兼味 : 직역하면 '맛을 〈2가지 이상〉 겸하다'인데, 숙어로 '맛있는 반 찬 혹은 안주 등 음식'을 뜻한다.

   • '집이 가난하고 시장이 멀다.'는 말은, 정말로 그렇다는 것이 아니라 요즘 '차린 것은 없지만 많이 드십시오.'라는 요즘의 말처럼, 예전에 는 인사치레의 말로 많이 쓰였다.

6. **惟淡泊**하니 **是愧耳**로다 : 오직 담박한 것뿐이니 부끄러울 따름이 오." 하였다.

   • 惟 : '오직 ~뿐이다.'의 뜻으로 한정형 문장을 만드는데, 뒤의 耳와 함 께 앞뒤에서 서로 호응하여 문장을 이룬다.

7. 適有群鷄하여 亂啄庭除어늘 : 때마침 여러 마리의 닭들이 있어 뜰에서 어지러이 모이를 쪼아댔는데,

- 適 : 부사로 '마침'의 뜻이다.

- 庭除 : 뜨락.

- 啄庭除 : 뜨락을 쪼다. 뜨락에서 쪼다.

8. 金曰 大丈夫는 不惜千金하니 : 김선생이 말하기를 "대장부는 천금을 아끼지 않으니,

- 千金 : 많은 돈, 혹은 많은 재물의 의미이다.

9. 當斬吾馬하여 佐酒하리라 : 당장 내 말을 잡아 안주를 삼겠습니다." 하였다.

- 佐酒 : 술을 돕다, 즉 '술안주하다'의 뜻이다.

10. 主人曰 斬馬면 騎何物而還고 : 주인이 말하기를 "말을 죽여버리면 무엇을 타고 돌아가시려고요?" 하였더니,

11. 金曰 借鷄騎還하리라하니 : 김선생이 말하기를 "닭을 빌려 타고 가지요." 하였다.

- 借鷄騎還 : 닭을 빌려서 타고 돌아가다. 借鷄(而)騎還의 형태이다.

12. 主人이 大笑하고 殺鷄餉之하니라 : 그러자 주인이 크게 웃고 닭을 잡아 대접하였다.

- 餉之 : '그에게 먹이다', 혹은 '그것을 먹이다'로 해석할 수 있으므로, 여기서 之는 김선생을 가리킨다고 할 수도 있고, 닭을 가리킨다고 할 수도 있다.

| 해설 및 감상 |

　재담꾼 김선생의 기지機智가 돋보이는 내용이다. 변변찮은 술안주를 내놓은 그의 친구는 말을 베겠다는 김선생의 말에 무슨 영문인 줄 모르고, "말 잡으면 무엇을 타고 돌아가시려고요?"라고 되묻는다. 보통 사람이면 여기쯤에서 무슨 소리인 줄 알 만한데, 아마 꽤나 우둔한 사람이었는가 보다. 그래도 "닭을 빌려 타고 돌아가겠다."는 말의 의미를 알아들었으니 그나마 다행이라고 하겠다.

舍人從蛙
사 인 종 와

領相公이 夏日에 午睡러니 有蛇上公腹上이라 公이 心欲逐
영상공 하일 오수 유사상공복상 공 심욕축

之나 而恐蛇驚傷人하여 木石然不敢動이러라 子退之는 方
지 이공사경상인 목석연불감동 자퇴지 방

六歲라 遍父所라가 見之하고 卽往草澤中하여 取三四蛙하여
육세 적부소 견지 즉왕초택중 취삼사와

投之하니 蛇가 舍人從蛙而去어늘 乃得起身이라 退之가 自幼로
투지 사 사인종와이거 내득기신 퇴지 자유

機智如此러니 及長하여 是爲名相하니라　　　≪國朝人物考≫
기지여차 급장 시위명상 국조인물고

| 주요 한자 |

睡 수 잠자다　　　　　　　　　舍 사 버리다, 집
蛇 사 뱀　　　　　　　　　　　蛙 와 개구리
腹 복 배　　　　　　　　　　　幼 유 어리다
逐 축 쫓다　　　　　　　　　　機 기 기틀, 기계
遍 적 가다, 마침, 적당하다

| 구절 풀이와 문법 |

1. 領相公이 夏日에 午睡러니 有蛇上公腹上이라 : 영상공領相公이 여름
   날에 낮잠을 자는데, 뱀이 공의 배 위로 올라갔다.

- 領相公 : 領相은 영의정을 이른다. 여기서는 홍언필洪彦弼(1476~1549) 을 가리킨다.

- 午睡 : 낮잠. 午는 낮 11시부터 1시까지의 시각인데, 낮을 나타내는 글자로 쓰인다.

- 有蛇 : 有는 '어떤'의 뜻이다.

- 上 : 앞의 '上'은 '올라가다'의 뜻이고, 뒤의 '上'은 '위'의 뜻이다.

2. 公이 心欲逐之나 而恐蛇驚傷人하여 : 공이 마음으로는 그것을 쫓아 버리고자 하였으나 뱀이 놀라 사람을 상하게 할까 두려워,

- 欲 : 욕망慾望을 나타내는 보조사補助詞로, '逐(쫓다)'의 뜻을 '쫓고자 하다'의 뜻으로 만든다.

- 而 : 역접逆接의 접속사로 '그러나'의 뜻이다.

3. 木石然不敢動이러라 : 목석木石처럼 감히 움직이지 못하였다.

- 木石然 : 然은 '~인 듯'의 뜻으로 목석인 듯, 즉 돌이나 나무처럼 꼼짝하지 않았다는 말이다.

4. 子退之는 方六歲라 : 아들 퇴지는 바야흐로 여섯 살이었는데,

- 退之 : 홍언필의 아들 홍섬洪暹(1504~1585)의 자字이다.

- 方 : 현재를 나타내는 부사로서, '이제, 지금, 막, 바야흐로'의 뜻이다.

5. 邇父所라가 見之하고 : 아버지가 계신 곳으로 가다가 그것을 보고

- 父所 : 아버지 장소, 즉 아버지 계신 곳이다.

- 之 : 대명사 '그것'으로, 아버지가 뱀 때문에 꼼짝하지 못하고 있는 상태를 가리킨다.

6. 卽往草澤中하여 取三四蛙하여 投之하니 : 곧장 풀이 우거진 연못으로 가서 서너 마리의 개구리를 잡아다 던지니,

7. **蛇가 舍人從蛙而去어늘 乃得起身이라** : 뱀이 사람을 버리고 개구리를 쫓아가거늘, 이에 〈영상공이〉 몸을 일으킬 수 있었다.

- 舍 : 원래 '집'이란 뜻이지만, 여기서는 '버리다'의 뜻이다. 舍는 捨(사 버리다)와 통용한다.

- 而 : 순접의 접속사이다.

8. **退之가 自幼로 機智如此러니** : 퇴지가 어릴 때부터 기지機智가 이와 같더니,

- 自 : ~부터.

- 如此 : 이와 같다.

9. **及長하여 是爲名相하니라** : 장성함에 미쳐서는 이는 이름난 재상宰相이 되었다.

- 及 : 동사로 '이르다'의 뜻이다.

- 是 : 퇴지를 가리키며, 없어도 되는데 강조하기 위해서 사용되었다.

| 해설 및 감상 |

여섯 살 어린 아이의 영특함이 잘 드러난 글이다. 위급한 상황에서 극적으로 이를 모면하는 설정인데, 혹 우리가 이와 같은 위험한 상황에 부닥친다면 어떠한 기지로 이를 극복해야 할 것인가 생각해 보게 하는 이야기라고 하겠다.

漁父之利
어부지리

趙且伐燕에 蘇代爲燕하여 謂惠王曰 今者에 臣來라가 過易
조차벌연　소대위연　위혜왕왈 금자에 신래　　과역

水할새 蚌方出曝이어늘 而鷸啄其肉하니 蚌이 合而拑其喙라
수　　 방방출폭　　　 이휼탁기육　　 방 합이겸기훼

鷸曰 今日不雨하고 明日不雨면 即有死蚌이리라하니 蚌이 亦
휼왈 금일불우　　 명일불우 즉유사방　　　　　 방 역

謂鷸曰 今日不出하고 明日不出이면 即有死鷸이리라하여 兩
위휼왈 금일불출　　 명일불출　　 즉유사휼　　　　 양

者가 不肯相舍하니 漁者가 得而並擒之라 今趙且伐燕하면
자 불긍상사　　 어자 득이병금지　 금조차벌연

燕趙久相支하여 以弊大衆하리니 臣은 恐强秦之爲漁父也라
연조구상지　　 이폐대중　　　 신 공강진지위어부야

願大王은 熟計之也하소서하니 惠王이 曰 善하다하고 乃止하니라
원대왕 숙계지야　　　　 혜왕 왈 선　　　 내지

《戰國策》
전국책

| 주요 한자 |

趙 조 조나라　　　　　　曝 폭 쬐다
蘇 소 차조기, 깨다　　　鷸 휼 도요새
蚌 방 조개　　　　　　　舍 사 버리다, 집

啄 탁 쪼다   擒 금 사로잡다
拑 겸 입을 다물다   弊 폐 해지다, 곤하다
喙 훼 부리

| 구절 풀이와 문법 |

1. **趙且伐燕에 蘇代爲燕하여 謂惠王曰** : 조趙나라가 장차 연燕나라를
   치려 함에 소대蘇代가 연나라를 위하여 혜왕惠王에게 말하였다.

   • **且** : 또, 장차 ~하려 하다. 여기서는 '장차 ~하려 하다'의 뜻이다.

   • **爲** : 하다, 짓다, 생각하다, 삼다, 되다, 위하다. 여기서는 '위하다'의
     뜻이다.

2. **今者에 臣來라가 過易水할새 蚌方出曝이어늘 而鷸啄其肉하니 蚌이 合而
   拑其喙라** : "오늘 신이 오다가 역수易水를 지나는 길이었습니다.
   조개가 막 나와서 햇볕을 쪼이는데 도요새(황새라고도 함)가 그
   살점을 쪼니 조개가 입을 다물어 그 부리를 물었습니다.

   • **臣** : 주로 임금에게 말할 때 자신을 낮추어 말하는 겸사謙辭이다. 아
     들이 아버지에게 '소자小子'라고 말하는 것과 비슷한 개념이다.

   • **方** : 바야흐로, 막.

3. **鷸曰 今日不雨하고 明日不雨면 卽有死蚌이리라하니** : 도요새가 말했
   습니다. '오늘 비가 오지 않고 내일도 비가 오지 않으면 조개에
   게 죽음이 있을 것이다.'

   • **不雨** : 비가 오지 않다. 여기서 '雨'는 '비가 오다'라는 동사로 쓰였다.

4. **蚌이 亦謂鷸曰 今日不出하고 明日不出이면 卽有死鷸이리라하여** : 조개
   는 말했습니다. '오늘 빠져나가지 못하고 내일도 빠져나가지 못
   하면 도요새에게 죽음이 있을 것이다.'

- 不出 : 조개의 입 속에서 빠져나가지 못한다는 뜻이다.

- 今日不出 明日不出 卽有死鷸 : 부정형+가정형.

5. 兩者가 不肯相舍하니 漁者가 得而竝擒之라 : 〈그러면서〉 두 놈이 서로 놓아주려고 하지 않으니, 어부가 〈두 놈을〉 함께 사로잡아 버렸습니다.

- 舍 : 집, 버리다, 놓다. 여기서는 '놓아주다'의 뜻이다.

- 之 : 그것(대명사). 여기서는 조개와 황새를 뜻한다. '之'가 문장 끝에서 동사 바로 뒤에 놓일 때는 주로 '그, 그것'이라는 목적격 대명사로 쓰인다.

6. 今趙且伐燕하면 燕趙久相支하여 以弊大衆하리니 : 지금 조나라가 장차 연나라를 친다면 연나라와 조나라가 오랫동안 서로 버티고 서서 백성들을 피폐하게 하리니,

- 以 : 以之(그것으로써, 그 때문에)에서 之가 생략된 형태이다.

7. 臣은 恐强秦之爲漁父也라 : 신은 강한 진나라가 어부가 될까 두렵습니다.

- 之 : 여기서는 '~이(가)'가 되어 주격 조사 구실을 한다.

- 强秦之爲漁父 : 강한 진나라가 어부처럼 연·조 두 나라를 모두 삼킨다는 뜻이다.

8. 願大王은 熟計之也하소서하니 : 원컨대 왕께서는 그것을 잘 헤아려 보소서."

- 之 : 그것.

9. 惠王이 曰 善하다하고 乃止하니라 : 혜왕은 "좋다." 하고 이에 그만두었다.

• 善 : 착하다, 좋다. 여기서는 '좋다'는 뜻이다.

| 해설 및 감상 |

≪전국책戰國策≫은 수많은 유세객遊說客들이 자신의 영화榮華와 자국의 이익을 위하여 활약하던 전국시대의 이야기를 주로 다룬 책으로, 그 가운데서 잘 알려진 이야기이다.

연燕나라와 조趙나라를 조개와 황새에 비유하고, 강한 진秦나라를 어부에 비유함으로써, 연나라를 쳐서는 안 된다고 조나라 혜왕惠王을 설득하는 소대蘇代의 모습이 눈앞에 보이는 듯 선하다.

代杖
대 장

安州之氓에 有食於臀者라 外郡吏가 將受七棍於兵營할새
안 주 지 맹　유 식 어 둔 자　외 군 리　장 수 칠 곤 어 병 영

置錢五緡하여 購代杖者하니 氓欣然代之라 杖者憎其屢也하여
치 전 오 민　구 대 장 자　맹 흔 연 대 지　장 자 증 기 루 야

故下棍甚毒하니 氓不虞杖之猝暴也라 然이나 姑忍之한대 再
고 하 곤 심 독　맹 불 우 장 지 졸 폭 야　연　고 인 지　재

則不可堪矣라 遽屈五指示之하니 謂將以五緡賂也라 杖者
즉 불 가 감 의　거 굴 오 지 시 지　위 장 이 오 민 뢰 야　장 자

若不見也하고 棍益力이라 氓亦自知死不待杖之畢也하고 五
약 불 견 야　곤 익 력　맹 역 자 지 사 부 대 장 지 필 야　오

指俱伸하여 知將倍賂하니 杖乃輕焉이라 氓出詫人曰 吾乃今
지 구 신　지 장 배 뢰　장 내 경 언　맹 출 이 인 왈 오 내 금

知錢之貴也라 無錢이면 吾必死矣리라하더라 ≪靑城雜記≫
지 전 지 귀 야　무 전　오 필 사 의　　　　　　　청 성 잡 기

| 주요 한자 |

氓 맹 백성　　　　　　　　欣 흔 기뻐하다
臀 둔 볼기　　　　　　　　憎 증 미워하다
吏 리 벼슬아치　　　　　　屢 루 자주
棍 곤 몽둥이, 곤장　　　　毒 독 독
緡 민 돈꿰미　　　　　　　虞 우 생각하다
購 구 사다　　　　　　　　猝 졸 갑자기

姑 고 일부러, 시어미

堪 감 견디다

遽 거 갑자기

屈 굴 굽히다

賂 뢰 뇌물

畢 필 마치다

詑 이 으쓱거리다

| 구절 풀이와 문법 |

1. 安州之氓에 有食於臀者라 : 안주安州 백성 중에 볼기를 〈대신〉 맞아주고 먹고사는 자가 있었다.

   • 氓 : 백성. 民과 거의 같은 개념으로 '서민'의 뜻인데, 천민을 표현할 때도 있다.

   • 食於臀 : '볼기로 먹고살다'. 여기서 '於'는 '수단' 정도를 뜻하는 어조사이다.

2. 外郡吏가 將受七棍於兵營할새 : 지방 군현의 아전이 장차 병영에서 일곱 대의 곤장을 맞게 되었는데,

   • 將 : 장차 ~하려 하다.

   • 於 : 여기서는 전치사로서 '~에서'의 뜻이다.

3. 置錢五緡하여 購代杖者하니 氓欣然代之라 : 돈 다섯 꾸러미를 두고 대신 곤장 맞을 사람을 구하니 이 백성은 기꺼이 이를 대신하였다.

   • 欣然 : '然'이 형용사에 붙어 쓰이면 주로 그 형용사를 부사로 만들어 주는 구실을 한다.

   • 代之 : 그를 대신하다.

4. 杖者憎其屢也하여 故下棍甚毒하니 : 곤장 치는 자는 그가 자주 〈대신 매 맞으러〉 옴을 미워하여 일부러 곤장 치기를 매우 독하게

하니,

- 其 : 여기서는 '그 사람', 즉 매품 파는 백성을 말한다.

- 故 : 일부러, 짐짓. '故意'라고 할 때의 '故'와 같은 의미이다.

- 下棍 : 곤장을 내리치다. 여기서 '下'는 '내리치다'는 뜻의 동사로 쓰였다.

5. 氓不虞杖之猝暴也라 : 백성은 곤장이 갑자기 매서워질 것을 생각하지 못하였다.

- 之 : 주격 조사로 해석하는 것이 자연스럽다.

6. 然이나 姑忍之한대 再則不可堪矣라 : 그러나 짐짓 참았는데, 두 번째는 견딜 수가 없었다.

- 然 : 그러나.

- 姑 : 일부러, 짐짓.

- 之 : 그것. 여기서는 곤장이 갑자기 난폭해진 것을 뜻한다.

- 不可 : ~할 수 없다. 부정형.

7. 遽屈五指示之하니 謂將以五緡賂也라 : 재빨리 다섯 손가락을 굽혀 보였으니, 장차 다섯 꿰미의 뇌물을 주겠다는 말이다.

- 遽 : 갑자기, 재빨리.

- 示之 : 그에게 보여주다. '之'는 곤장 치는 사람을 뜻한다.

8. 杖者若不見也하고 棍益力이라 : 곤장 치는 자는 못 본 척하고 곤장에 힘을 더 주었다.

- 若 : 마치 ~처럼 하다.

- 益 : 더욱. 부사로 쓰였다.

9. 氓亦自知死不待杖之畢也하고 : 백성 역시 곤장이 끝나기를 기다

리지 못하고 죽을 것을 스스로 알고는,

- **死不待杖之畢也** : 죽음이 곤장 끝나기를 기다리지 않다, 즉 '곤장을 다 맞기도 전에 죽다.'는 뜻이다.

10. **五指俱伸**하여 **知將倍賂**하니 **杖乃輕焉**이라 : 다섯 손가락을 모두 펴서 장차 곱절의 뇌물을 주겠다고 알리니, 곤장이 그제야 가벼워졌다.

- **乃** : 이에, 그제야.

- **焉** : 대개 '於此'의 축약형으로 쓰이는 종결어미이다. 곤장이 그제야 그 정도에서 가벼워졌다는 뜻이다.

11. **氓出詑人曰 吾乃今知錢之貴也**라 : 백성은 나와서 사람들에게 으쓱대며 말했다. "나는 지금에야 돈이 귀함을 알았다.

- **詑人** : '詑'는 으쓱거리며 자랑함을 뜻한다. '人'은 한문에서 주로 '다른 사람'을 뜻한다.

12. **無錢**이면 **吾必死矣**리라하더라 : 돈이 없었다면 나는 꼭 죽었을 것이다."

- **必 ~矣** : 반드시 ~이리라. 가정형의 문장은 '若, 則, 雖' 등이 쓰여 '만약 ~라면', '비록 ~라 하더라도' 등의 뜻을 나타내는 것이 보통이다. 그러한 한자가 전혀 쓰이지 않더라도 문맥상 가정형으로 해석되는 문장도 있다. 본문을 제대로 된 가정형 문장으로 쓰면 '若無錢則吾必死矣(만약 돈이 없었다면 나는 반드시 죽었을 것이다.)'가 된다.

┃해설 및 감상┃

조선 후기 상공업의 발달로 인한 화폐경제의 발달은 결국 돈을 받고 다른 사람 대신 볼기를 맞는 것을 전문으로 하는 신종 직업까지 낮게 하였다. 이를 '매품팔이'라 한다.

　죄를 저지른 사람이 벌을 받지 않고, 그 사람에게 돈을 받고 대신 벌을 받아주는 일이 빈번했던 일도 우스운 일이거니와, 그 일을 업으로 삼아 살아가는 어찌 보면 얄팍하고 한심스런 사람을 오히려 협박하고 가혹하게 굴어 돈을 뜯어내는 형리刑吏 또한 특이한 인물로 그려져 있다. 그런데 작자는 이런 상황을 그저 해학으로 처리하여 비참함이나 한심함보다는 오히려 재미있는 웃음으로 그려놓았다.

管鮑之交
관 포 지 교

管仲曰 吾始困時에 嘗與鮑叔賈할새 分財利에 多自與하되
관중왈 오시곤시 상여포숙고 분재리 다자여

鮑叔이 不以我爲貪은 知我貧也요 吾嘗爲鮑叔하여 謀事에
포숙 불이아위탐 지아빈야 오상위포숙 모사

而更窮困하되 鮑叔이 不以我爲愚는 知時有利不利也요 吾
이갱궁곤 포숙 불이아위우 지시유리불리야 오

嘗三仕에 三見逐於君하되 鮑叔이 不以我爲不肖는 知我不
상삼사 삼견축어군 포숙 불이아위불초 지아부

遭時也요 吾嘗三戰三走하되 鮑叔이 不以我爲怯은 知我有
조시야 오상삼전삼주 포숙 불이아위겁 지아유

老母也요 公子糾敗에 召忽은 死之하고 吾幽囚受辱하되 鮑
노모야 공자규패 소홀 사지 오유수수욕 포

叔이 不以我爲無恥는 知我不羞小節하고 而恥功名이 不顯
숙 불이아위무치 지아불수소절 이치공명 불현

於天下也라 生我者는 父母요 知我者는 鮑子也라하더라
어천하야 생아자 부모 지아자 포자야

≪史記≫
사기

| 주요 한자 |

鮑	포 절인 어물	怯	겁 겁내다
嘗	상 맛보다	糾	규 규명하다
賈	고 장사하다	忽	홀 갑자기
貪	탐 탐하다	辱	욕 욕하다
貧	빈 가난하다	恥	치 부끄럽다
逐	축 쫓다	羞	수 부끄러워하다
肖	초 닮다	顯	현 나타나다
遭	조 만나다		

| 구절 풀이와 문법 |

1. **管仲曰 吾始困時**에 **嘗與鮑叔賈**할새 **分財利**에 **多自與**하되 : 관중管仲
   이 말하였다. "내가 예전 곤궁하던 때에 일찍이 포숙鮑叔과 함께
   장사를 했는데, 이익을 나눔에 나에게 더 많이 주었으나,

   - 始 : 처음에. 맨 처음이 아니고 '과거의 특정한 어느 때'를 가리킨다.
   - 嘗 : 맛보다, 일찍이. 여기서는 '일찍이, 과거에' 정도의 뜻이다.
   - 與 : ~와, 주다. '與鮑叔賈'는 '포숙과 함께 장사하다.'라는 뜻이고, '多
     自與'는 '나에게 많이 주다.(내가 더 많이 갖다.)'는 뜻이다.

2. **鮑叔**이 **不以我爲貪**은 **知我貧也**요 : 포숙이 나를 탐욕스럽다고 여
   기지 않은 것은, 내가 가난하다는 것을 알았기 때문이다.

   - 以我爲貪 : 以A 爲B. A로써 B를 삼다. A를 B로 삼다(여기다).

3. **吾嘗爲鮑叔**하여 **謀事**에 **而更窮困**하되 : 내가 일찍이 포숙을 위하여
   일을 계획했는데, 도로 곤궁하게 되었으나,

   - 爲 : 하다, 위하다, 되다, 삼다. 여기서는 '위하다'는 뜻이다.
   - 更 : 갱 다시 / 경 고치다.

4. **鮑叔**이 **不以我爲愚**는 **知時有利不利也**요 : 포숙이 나를 어리석다
고 여기지 않은 것은, 때에는 이로울 때와 이롭지 못할 때가 있
다는 것을 알았기 때문이다.

- **不以我爲愚** : '以A 爲B' 용법에 부정사 '不'이 붙어서 'A를 B라고 여
  기지 않다.'는 뜻이 되었다.

5. **吾嘗三仕**에 **三見逐於君**하되 : 나는 일찍이 세 번 벼슬함에 세 번
다 임금에게 쫓겨나고 말았는데,

- **見逐於君** : 임금에게 쫓겨나다. 見A 於B. B에게 A함을 당하다. 피
  동형.

6. **鮑叔**이 **不以我爲不肖**는 **知我不遭時也**요 : 포숙이 나를 못났다고
여기지 않은 것은, 내가 때를 만나지 못했음을 알았기 때문이다.

- **不肖** : 肖는 '닮다'는 뜻으로, 不肖는 아버지를 닮지 않아서 미련하다
  는 뜻이다. 또는 자신의 겸칭謙稱으로도 쓰인다. 일반적으로 못났다
  는 뜻으로 쓰인다.

7. **吾嘗三戰三走**하되 **鮑叔**이 **不以我爲怯**은 **知我有老母也**요 : 내가 일
찍이 세 번의 싸움에서 세 번 다 달아났으나, 포숙이 나를 겁쟁
이로 여기지 않은 것은, 나에게 늙으신 어머니가 계심을 알았기
때문이다.

- **三戰三走** : 세 번의 싸움에서 세 번 모두 달아나다. 포숙은, 관중이
  겁쟁이여서가 아니라 늙으신 어머니 때문에 목숨을 보전하려고 도망
  했다고 인정했다는 말이다.

8. **公子糾敗**에 **召忽**은 **死之**하고 **吾幽囚受辱**하되 : 공자 규가 패함에 소
홀은 죽었고 나는 감옥에 갇혀 욕을 당했으나,

- **公子糾敗** : 당초에 포숙은 공자 소백小白을 섬겼고, 관중은 공자 규糾

를 섬겼는데, 결국 공자 규는 죽고 소백이 왕위에 올랐다. 소백이 바로 춘추오패春秋五霸의 한 사람인 제 환공齊桓公이다.

- 死之 : '之'는 풀이하지 않아도 된다. 굳이 새긴다면, '거기서', '그 때문에' 정도로 하면 된다.

- 幽囚 : 잡아 가두다. 여기서는 관중이 잡히어 갇혔음을 의미한다.

9. 鮑叔이 不以我爲無恥는 知我不羞小節하고 而恥功名이 不顯於天下也라 : 포숙이 나를 '부끄러움도 없는 사람'이라고 생각하지 않은 것은, 내가 작은 절개는 부끄러워하지 않고, 공명이 천하에 드러나지 않음을 부끄러워한다는 것을 알았기 때문이다.

- 知 : 我부터 也까지를 모두 목적어로 받는다.

- 恥 : 功부터 也까지를 목적어로 취한다.

- 小節 : 작은 절개.

10. 生我者는 父母요 知我者는 鮑子也라하더라 : 나를 낳아준 이는 부모님이고, 나를 알아준 이는 포숙이다."

- 生我者 : 나를 낳아준 사람.

- 鮑子 : 포숙鮑叔을 가리킨다. 일반적으로 성姓 뒤에 '子'를 붙이는 것은 그 사람을 높여 부르는 경우이다. '孔子', '孟子' 등이 그러하다.

- 여기에서는 대우對偶를 사용하고 있는데, 서로 비슷하거나 반대되는 개념을 가진 두 문장을 마주 놓아 서로 비교하는 효과를 노린 수사법이라고 볼 수 있겠다.

```
┌─ 生我者 父母 : 나를 낳아준 이는 부모님이고,
│    ↑      ↑
└─ 知我者 鮑子 : 나를 알아준 이는 포숙이다.
```

| 해설 및 감상 |

옛날 어떤 이는 인생에서 진정한 친구 한 사람만 있어도 그 인생은 행복하다고 하였다. 참된 우정이란 무엇인가? 그것은 자신의 이익을 생각하지 않는 것이다. 친구를 끝없이 믿고 이해하는 것이다.

관중管仲을 향한 포숙鮑叔의 끝없는 신뢰와 인정은 결국 관중으로 하여금 제왕齊王을 도와 천하 평정의 위업을 달성하게 한다. "나를 낳아준 이는 부모이지만, 나를 알아준 이는 포숙이다."라는 관중의 말에서 우정의 극치를 보게 된다.

溫達
온달

公主가 對曰 大王常語하되 汝必爲溫達之婦라하시고 今何
공주　대왈　대왕상어　　여필위온달지부　　　　금하

故改前言乎잇가 匹夫猶不欲食言이어늘 況至尊乎아 故로
고개전언호　　　필부유불욕식언　　　　황지존호　　고

曰 王者는 無戱言이라하니 今大王之命은 謬矣라 妾不敢祗
왈　왕자　무희언　　　　　금대왕지명　류의　　첩불감지

承이니이다 …(중략)… 公主 獨歸宿柴門下하고 明朝에 更入하여
승　　　　　　　　　　공주　독귀숙시문하　　　명조　갱입

與母子備言之하니 溫達이 依違未決이라 其母曰 吾息이 至
여모자비언지　　　온달　의위미결　　　기모왈　오식　지

陋하여 不足爲貴人匹이요 吾家至窶하니 固不宜貴人居라하니
루　　　부족위귀인필　　　오가지구　　고불의귀인거

公主對曰 故人言에 一斗粟도 猶可舂이요 一尺布도 猶可
공주대왈　고인언　　일두속　유가용　　　일척포　유가

縫이라하니 則苟爲同心이면 何必富貴然後에 可共乎잇가하고
봉　　　　　즉구위동심　　하필부귀연후　　가공호

乃賣金釧하여 買得田宅奴婢牛馬器物하여 資用完具러라
내매금천　　　매득전택노비우마기물　　　자용완구

初에 買馬할새 公主語溫達曰 愼勿買市人馬하고 須擇國馬
초　매마　　　공주어온달왈　신물매시인마　　　수택국마

病瘦而見放者하여 而後換之하소서하다 溫達이 如其言하고 公
병수이견방자　　　이후환지　　　　　온달　여기언　　　공

主養飼甚勤하여 馬日肥且壯하니라　　　　　《三國史記》
주양사심근　　　마일비차장　　　　　　　　　삼국사기

| 주요 한자 |

戲 희 놀리다, 놀다
謬 류 어긋나다, 잘못되다
祇 지 삼가, 존경하다
柴 시 사립문
違 위 어기다
陋 루 누추하다
寠 구 가난하다
粟 속 조
猶 유 같다
舂 용 찧다

縫 봉 바느질하다
釧 천 팔찌
婢 비 여종
須 수 모름지기
瘦 수 파리하다
換 환 바꾸다
飼 사 기르다
勤 근 부지런하다
肥 비 살찌다
壯 장 씩씩하다

| 구절 풀이와 문법 |

1. 公主가 對曰 大王常語하되 汝必爲溫達之婦라하시고 : 공주가 대답하였다. "대왕께서는 항상 '너는 반드시 온달溫達의 아내가 될 것이다.' 하시고,

   • 爲 : ~이 되다.

   • 溫達之婦 : 온달의 아내. '之'는 명사와 명사 사이에서 '~의'의 뜻이다.

2. 今何故改前言乎잇가 : 지금은 무슨 까닭으로 전에 말씀하신 것을 바꾸십니까?

   • 何~乎 : 어찌 ~이겠는가? 반어형.

3. 匹夫猶不欲食言이어늘 況至尊乎아 : 필부도 오히려 허망한 말을 하지 않는데 하물며 지극히 존귀한 분께서 그럴 수 있겠습니까?

   • 食言 : 약속한 말을 지키지 않다.

   • 況~乎 : 하물며 ~이랴! 억양형(또는 감탄형).

4. 故로 曰 王者는 無戲言이라하니 : 그러므로 '임금 된 자는 희롱하는

말을 하지 않는다.'고 하니,

- 戲言 : 장난하는 말. 농담.

5. 今大王之命은 謬矣라 妾不敢祗承이니이다 : 지금 대왕의 명령은 잘 못되었으니, 저는 감히 삼가 받들 수 없습니다."

- 妾 : '첩'이라는 뜻보다는 여자가 자신을 낮추어 말하는 경우에 많이 쓰이는 표현이다. '小子', '小臣' 등과 같은 개념의 겸사謙辭이다.

6. 公主 獨歸宿柴門下하고 明朝에 更入하여 : 공주가 홀로 돌아와 사 립문 아래에서 묵고, 다음날 아침에 다시 들어가,

- 明朝 : '밝은 아침'이 아니라 '다음날 아침'이다. '明年', '明日'과 같은 쓰임이다.

7. 與母子備言之하니 溫達이 依違未決이라 : 모자에게 갖추어 말하니 온달은 우물쭈물 결정하지 못했다.

- 與 : ~와. 여기서는 '~에게'라고 풀이하는 편이 자연스럽다.
- 之 : 그것을. 여기서는 공주가 온달의 집에 찾아온 이유를 뜻한다.
- 依違 : 의태어로서 '우물쭈물하는 모양'을 표현하는 말이다.

8. 其母曰 吾息이 至陋하여 不足爲貴人匹이요 吾家至窶하니 固不宜貴 人居라하니 : 그 어머니가 말했다. "내 자식은 매우 비천하여 귀 인의 배필이 될 수 없고, 내 집은 지극히 가난하여 진실로 귀인 이 거처하기에 마땅치 않습니다."

- 息 : 쉬다(휴식休息). 숨쉬다(탄식歎息). 자식(자식子息).
- 爲 : ~이 되다.
- 固 : 부사로서 '진실로'의 뜻이다.
- 대우對偶를 사용하였다.

┌─ 吾息至陋 不足爲貴人匹
│   ↕   ↕
└─ 吾家至襄 固不宜貴人居

9. 公主對曰 故人言에 一斗粟도 猶可舂이요 一尺布도 猶可縫이라하니 : 공주가 대답하였다. "옛사람의 말에 '한 말 곡식도 오히려 찧을 수 있고, 한 자의 베도 오히려 꿰맬 수 있다.'고 하였으니,

• 對曰 : 대답하여 말하기를. 대체로 '對曰'은 높은 사람의 말에 응답하는 경우에 쓰는 표현이다.

• 대우對偶를 사용하였다.

┌─ 一斗粟猶可舂
│   ↕
└─ 一尺布猶可縫

10. 則苟爲同心이면 何必富貴然後에 可共乎잇가하고 : 진실로 마음을 같이하면 어찌 반드시 부귀한 뒤라야 함께할 수 있겠습니까?"

• 苟 : 부사로서 '진실로'의 뜻이다.

• 何必~乎 : 어찌 반드시 ~이겠는가? 반어형.

11. 乃賣金釧하여 買得田宅奴婢牛馬器物하여 資用完具러라 : 이에 금 팔찌를 팔아 농토·집·노비·소와 말·기물 등을 사서, 생활하는 데 쓰이는 것들이 완전히 갖추어졌다.

12. 初에 買馬할새 公主語溫達曰 愼勿買市人馬하고 : 처음 말을 살 때 공주가 온달에게 말하였다. "부디 장터 사람의 말을 사지 말고,

• 初 : 처음에. '맨 처음'의 뜻이 아니고, '어떤 일을 하던 초기에' 정도의 뜻이다.

13. **須擇國馬病瘦而見放者**하여 **而後換之**하소서하다 : 반드시 나라에서
    기르던 말로 병들고 여위어 쫓겨난 것을 택한 뒤에 그것과 바
    꾸세요."

    • 國馬 : 국가에서 공적으로 쓰는 말[馬]이다.

    • 見放者 : 쫓겨난 놈. '見'은 '~당하다'의 뜻이다. 피동형.

14. **溫達**이 **如其言**하고 **公主養飼甚勤**하여 **馬日肥且壯**하니라 : 온달은 그
    말과 같이 하였고, 공주가 기르고 먹이는 것을 매우 부지런히
    하자 말이 날로 살지고 또 건장하게 되었다.

    • 如 : ~와 같이 하다.

    • 日肥且壯 : '日'은 '날로'. '且'는 '그리고, 또'.

| 해설 및 감상 |

《삼국사기三國史記》〈열전列傳〉에서 가장 유명한〈온달전溫達傳〉
의 일부이다. 평강공주平康公主와 바보 온달溫達의 아름다운 사랑 이
야기로, 지혜와 의리, 그리고 나라에 대한 충성심忠誠心이 잘 드러나
있어 오래도록 사랑받고 있는 글이다.

신분이나 인물에 구애되지 않고 사랑을 찾아 왕궁을 나와 온달에
게 가는 공주의 강단진 모습도 이채롭거니와, '바보 온달'을 결국은
가장 용맹하고 멋진 장수로 변신시키는 공주의 지혜와 사랑을 통해
내조內助의 참된 의미까지도 엿볼 수 있다. 우선은 천 수백 년 전의
재미있는 사랑 이야기 정도로만 읽어도 좋은 글이다.

丁若鏞
정 약 용

李薑山 書九相國이 嘗自永平赴闕할새 路遇一少年한대 駄
이 강 산　서 구 상 국　　상 자 영 평 부 궐　　　노 우 일 소 년　　　태

一擔書하고 向北漢寺라 旬餘에 還鄕이라가 又遇向者少年한대
일 담 서　　　향 북 한 사　　순 여　　환 향　　　　우 우 향 자 소 년

駄一擔書而出이라 怪而問之曰 子는 何人인대 不讀書하고
태 일 담 서 이 출　　　괴 이 문 지 왈　자　　하 인　　　부 독 서

但屑屑往來焉고 少年이 對曰 讀已了矣라 相國이 愕爾曰
단 설 설 왕 래 언　　소 년　　대 왈　독 이 료 의　　　상 국　　악 이 왈

所駄者가 云何오 曰 綱目也라 曰 綱目이 豈一旬에 可讀乎아
소 태 자　　운 하　왈　강 목 야　　왈　강 목　　기 일 순　　가 독 호

曰 非直讀也라 誦亦可能이라 相國이 遂停車하고 錯抽以試
왈　비 직 독 야　　송 역 가 능　　　상 국　　수 정 거　　　착 추 이 시

之한대 略能背誦이라 少年은 乃茶山也러라　　《梅泉野錄》
지　　　약 능 배 송　　　소 년　　내 다 산 야　　　　　　매 천 야 록

| 주요 한자 |

薑 강 생강　　　　　　　旬 순 열흘
赴 부 다다르다　　　　　怪 괴 괴이하다
闕 궐 대궐　　　　　　　屑 설 수고하다
遇 우 만나다　　　　　　愕 악 놀라다
擔 담 메다　　　　　　　爾 이 너
駄 태 싣다　　　　　　　綱 강 벼리

誦 송 외다	抽 추 뽑다
錯 착 섞이다	背 배 등

| 구절 풀이와 문법 |

1. 李薑山 書九相國이 嘗自永平赴闕할새 : 강산薑山 이서구李書九 정
   승이 일찍이 영평永平에서 궁궐로 가다가,

   • 李薑山 書九相國 : '李'는 성姓, '薑山'은 호號, '書九'는 이름, '相國'은
     벼슬 이름이다.

   • 自 : ~로부터.

2. 路遇一少年한대 駄一擔書하고 向北漢寺라 : 길에서 한 소년을 만났
   는데, 한 짐의 책을 싣고 북한사北漢寺로 향하는 것이었다.

   • 路 : 길에서.

   • 向 : ~로 향하다.

3. 旬餘에 還鄉이라가 又遇向者少年한대 駄一擔書而出이라 : 10여 일 만
   에 고향으로 돌아가다가 또 지난번의 소년을 만났는데 한 짐의
   책을 싣고 나오는 것이었다.

   • 向者 : 지난번, 접때.

4. 怪而問之曰 子는 何人인대 不讀書하고 但屑屑往來焉고 : 괴이해서
   묻기를 "너는 누구인데 책을 읽지는 않고 단지 수고롭게 왔다
   갔다만 하는고?" 하니,

   • 怪而問之 : '而'는 '~하여', '之'는 '그것'으로서 '수고롭게 왔다 갔다 하
     는 이유'를 뜻한다.

   • 子 何人 不讀書 但屑屑往來焉 : 의문형.

• 屑屑 : 수고롭게 힘쓰는 모양을 나타내는 의태어이다.

5. 少年이 對曰 讀已了矣라 : 소년이 대답하기를 "읽기를 이미 마쳤습니다." 하였다.

• 讀已了矣 : '讀'은 여기서 목적어 구실을 하고 있다. 한문에서는 목적어가 서술어 뒤에 오는 것이 일반적인데, 여기서는 도치倒置된 것으로 볼 수 있다.

6. 相國이 愕爾曰 所駄者가 云何오 曰 綱目也라 : 정승이 깜짝 놀라 "실은 것이 무엇인가?" 하니, 말하기를 "≪강목綱目≫입니다." 하였다.

• 愕爾 : '爾'는 '愕'을 수식하여 형용사나 부사로 만들어주는 어조사 역할을 한다. '然'과 같은 구실이다. 愕爾 = 愕然.

• 云 : 별 뜻이 없는 어조사로 쓰였다.

7. 曰 綱目을 豈一旬에 可讀乎아 : "≪강목≫을 어찌 열흘 만에 읽을 수 있는가?"

• 豈~乎 : 어찌 ~하겠는가? 반어형. ≪강목≫을 열흘 만에 읽을 수 없다는 화자話者의 의중을 표현하는 것이다.

8. 曰 非直讀也라 誦亦可能이라 : "단지 읽었을 뿐만이 아니라, 외우기도 할 수 있습니다."

• 非 : 부정형 문장을 만드는 한자이다.

• 直 : '바르다, 곧다'라는 뜻의 글자로 흔히 쓰이지만, 여기서는 非와 함께 '다만 ~뿐만 아니라'라는 뜻으로 쓰여 한정을 나타낸다.

9. 相國이 遂停車하고 錯抽以試之한대 略能背誦이라 : 정승이 드디어 수레를 멈추고, 〈책을〉 뒤섞어 뽑아서 이를 시험하니 대부분

뒤돌아서 능히 외우는 것이었다.

- 遂 : '드디어, 마침내'의 뜻을 가진 부사이다.

- 錯抽以試之 : 여러 책 가운데서 아무것이나 뽑아 암송하는가 못하는
가 시험해보았다는 뜻이다.

- 背誦 : 책을 보지 않고 등을 돌리고 서서 외우다.

10. 少年은 乃茶山也러라 : 소년이 바로 다산茶山이다.

- 乃 : 이에, 바로.

| 해설 및 감상 |

　다산茶山 정약용丁若鏞이 다방면에 걸쳐 방대한 저술을 남기고, 실
학實學을 집대성한 것은 온전히 그의 독서량과 독서 태도에 힘입었
을 것이다. 약간의 과장은 있겠으나, 한 짐이나 되는 ≪통감강목通鑑
綱目≫을 단 열흘 만에 읽어버렸을 뿐 아니라, 그것을 거의 암송까지
했다는 다산의 말에 놀라는 이서구李書九의 표정이 어떠했을지 상상
해볼 수 있게 한다.

龜兎之說
귀 토 지 설

昔에 東海龍女가 病心하더니 醫言 得兎肝合藥이면 則可療
석   동해용녀   병심   의언 득토간합약   즉가료

也라하더라 然이나 海中無兎하니 不奈之何니라 有一龜가 白龍
야   연   해중무토   불내지하   유일귀   백룡

王言 吾能得之니이다하고 遂登陸하여 見兎言 海中有一島하니
왕언 오능득지   수등륙   견토언 해중유일도

淸泉白石과 茂林佳菓에 寒暑不能到하고 鷹隼不能侵이라
청천백석   무림가과   한서불능도   응준불능침

爾若得至면 可以安居無患하리라 因負兎背上하여 游行二
이약득지   가이안거무환   인부토배상   유행이

三里許에 龜顧謂兎曰 今龍女가 被病하여 須兎肝爲藥이라
삼리허   귀고위토왈 금용녀   피병   수토간위약

故로 不憚勞하고 負爾來耳로라 兎曰 噫라 吾는 神明之後라
고   불탄로   부이래이   토왈 희   오   신명지후

能出五臟하여 洗而納之하니 日者에 小覺心煩하여 遂出
능출오장   세이납지   일자   소각심번   수출

肝心洗之하여 暫置巖石之底하고 聞爾甘言徑來라 肝尙在
간심세지   잠치암석지저   문이감언경래   간상재

彼하니 何不廻歸오 取肝이면 則汝得所求요 吾雖無肝이라도
피   하불회귀   취간   즉여득소구   오수무간

尙活이니 豈不兩相宜哉아   ≪三國史記≫
상활   기불양상의재   삼국사기

| 주요 한자 |

醫 의 의원
兎 토 토끼
療 료 병 고치다
奈 내 어찌
龜 귀·균 거북, 갈라지다
茂 무 무성하다
菓 과 과실
鷹 응 매
隼 준 송골매

侵 침 침노하다
游 유 헤엄치다
顧 고 돌아보다
憚 탄 꺼리다
噫 희 탄식하다
臟 장 오장, 내장
煩 번 괴롭다, 번거롭다
徑 경 지름길, 빠르다

| 구절 풀이와 문법 |

1. 昔에 東海龍女가 病心하더니 : 옛날에 동해東海 용왕龍王의 딸이 심
   장병을 앓았는데,

   • 東海龍女 : 동해 용왕의 딸. 용왕이 병이 든 것으로 되어 있는 이야
   기도 있다.

2. 醫言 得兎肝合藥이면 則可療也라하더라 : 의원이 말하기를 "토끼의
   간을 얻어 약에 합하면 치료할 수 있다." 하였다.

   • 則 : 칙 법칙, 즉 곧. 여기서는 '~하면 곧'이라는 뜻으로 쓰여 가정형
   의 문장을 만드는 구실을 한다.

   • 可 : ~할 수 있다.

3. 然이나 海中無兎하니 不奈之何니라 : 그러나 바닷속에는 토끼가 없
   으니 어찌할 수가 없었다.

   • 然 : 그러나.

   • 不奈之何 : 그것을 어찌 할 수 없다. '之'는 대명사로서 '그것을'이라
   고 풀이한다.

4. 有一龜가 白龍言 吾能得之니이다하고 : 어떤 한 거북이가 용왕에게 아뢰어 말하기를 "제가 그것을 구해 올 수 있습니다." 하고,

- 有一龜 : 한 거북이가 있어, 또는 어떤 한 거북이가. '有'는 '있다'보다는 '어떤'의 뜻으로 쓰였다고 보는 것이 좋다.

- 白 : 이때는 '말하다', '아뢰다'의 뜻으로 쓰였다.

- 吾能得之 : 내가 그것을 얻을 수 있다. '之'는 대명사로서 '토간兎肝(토끼의 간)'을 뜻한다.

5. 遂登陸하여 見兎言 海中有一島하니 : 드디어 뭍으로 올라 토끼를 보고 말하기를 "바다 가운데에 한 섬이 있으니,

6. 淸泉白石과 茂林佳菓에 寒暑不能到하고 鷹隼不能侵이라 : 맑은 샘물에 흰 돌과 무성한 숲의 좋은 과일이다, 추위와 더위가 이를 수 없고 매와 새매도 침범할 수 없다.

- 不能 : ~할 수 없다.

7. 爾若得至면 可以安居無患하리라 : 네가 만약 갈 수만 있다면 편히 살며 근심이 없을 것이다." 하였다.

- 爾 : 너. 2인칭 대명사.

- 若 : 만약 ~라면. 가정형.

- 得至 : 이를 수 있다. '得'은 '~할 수 있다'.

- 可以 : ~할 수 있다.

8. 因負兎背上하여 游行二三里許에 龜顧謂兎曰 : 그래서 등 위에 토끼를 업고 2, 3리쯤을 헤엄쳐 가다가 거북이가 토끼를 돌아다보며 말했다.

- 因 : '인하여', '그리하여' 정도의 뜻이다.

- 二三里許 : 2, 3리쯤. 許는 '쯤'의 뜻이다.

9. 今龍女가 被病하여 須兎肝爲藥이라 : "지금 용왕의 딸이 병에 걸렸
  는데, 반드시 토끼의 간만이 약이 된다.

  - 被病 : 병을 입다. 병에 걸리다.

  - 須 : 모름지기, 반드시.

10. 故로 不憚勞負爾來耳로라 : 그래서 수고를 꺼리지 않고 너를 업
  고 온 것이다."

  - 故 : 그러므로, 그래서.

  - 負爾來耳 : 너를 업고 왔을 뿐이다. '爾'는 '너', '耳'는 '~뿐이다'. 한
    정형.

11. 兎曰 噫라 吾는 神明之後라 : 토끼가 말하였다. "아! 나는 신명의
  후예인지라,

  - 噫 : 아!, 감탄사.

  - 神明 : 하늘과 땅의 신령神靈.

  - 後 : 후손, 또는 후예.

12. 能出五臟하여 洗而納之하니 : 오장五臟을 꺼내 씻어서 넣을 수 있다.

  - 能 : ~할 수 있다.

  - 洗而納之 : 씻어서 그것을 넣다. '而'는 '그래서', '之'는 '그것(오장)'.

13. 日者에 小覺心煩하여 遂出肝心洗之하여 : 일전에 마음이 좀 답답
  함을 느껴 마침내 간과 심장을 꺼내어 씻고,

  - 日者 : 이전에. = 往者.

  - 遂出 : 드디어 꺼내다.

- 洗之 : 그것(肝心)을 씻다.

14. **暫置巖石之底**하고 **聞爾甘言徑來**라 : 잠시 바위 밑에 두었는데, 너의 달콤한 말을 듣고 급히 오느라,

- **暫置** : 잠시 놓아두다.

- **巖石之底** : 바위의 아래. '之'는 명사와 명사 사이에서는 '~의'가 된다.

- **徑來** : 급히 오다. 빨리 오다. '徑'은 '지름길', '빠르다'의 뜻이 있다.

15. **肝尙在彼**하니 **何不廻歸**오 : 간이 아직 거기에 있으니 어찌 돌아가지 않으리오?

- **尙** : 아직.

- **何不廻歸** : 어찌 돌아가지 않으리오? 반어형으로, 돌아가야만 한다는 의지를 나타낸다. 이것을 만약 "어찌하여 돌아가지 않는가?"라고 해석하면 의문형이 되어 문맥상 맞지 않는다. '何'는 의문형과 반어형을 동시에 만들 수 있는 한자이므로 문맥을 잘 살펴보아 선택해야 한다.

16. **取肝**이면 **則汝得所求**요 **吾雖無肝**이라도 **尙活**이니 : 간을 취하면 너는 구하고자 하는 것을 얻을 것이요, 나는 비록 간이 없더라도 살아갈 수 있으니,

- **則** : (만약) ~하면 곧. 가정형을 만든다.

- **雖** : 비록 ~라 하더라도. 가정형을 만든다.

- **尙** : 오히려.

17. **豈不兩相宜哉**아 : 어찌 둘 다 서로 좋지 않으랴?"

- **相宜** : 서로에게 마땅하다. 즉, 서로에게 좋다.

- **豈~哉** : 어찌 ~하겠는가? 반어형.

| 해설 및 감상 |

이 이야기는 원래 김춘추金春秋가 고구려에 원병을 구하러 갔다가 옥에 갇혔을 때, 선도해先道解라는 사람이 그곳에서 벗어날 방법으로 알려준 이야기로 ≪삼국사기三國史記≫에 실려 있다. 이후로도 많은 형태로 바뀌어져 후세에 전해졌는데, 조선시대에는 〈별주부전鼈主簿傳〉 또는 〈토끼전〉이라는 이름으로 소설과 판소리의 소재가 되기도 했다.

용녀龍女의 병을 고치려는 거북이의 충성심과, 그 거북이에게 속아 자칫 죽을 뻔했다가 순간적인 재치를 발휘하여 사지死地에서 빠져나오는 토끼의 기지機智가 빛나는 재미있는 이야기이다. 이 이야기를 통해 고대인들의 슬기와 해학을 볼 수 있다.

獒樹
오 수

金蓋仁은 居寧縣人也라 畜一狗하니 甚憐이라 嘗一日에 出
김개인 거령현인야 흑일구 심 련 상일일 출

行할새 狗亦隨之라 蓋仁이 醉臥道周而睡한대 野燒將及에
행 구역수지 개인 취와도주이수 야소장급

狗乃濡身于傍川하여 來往環繞하여 以潤著草茅하여 令絶
구내유신우방천 내왕환요 이윤저초모 영절

火道라가 氣盡乃斃라 蓋仁이 旣醒에 見狗迹하고 悲感하여 作
화도 기진내폐 개인 기성 견구적 비감 작

歌寫哀라 起墳以葬하고 植杖以誌之러니 杖成樹에 因名其
가사애 기분이장 식장이지지 장성수 인명기

地를 爲獒樹라하다 樂譜中에 有犬墳曲하니 是也라 《補閑集》
지 위오수 악보중 유견분곡 시야 보한집

| 주요 한자 |

獒 오 개	濡 유 젖다
畜 축·흑 쌓다, 기르다	繞 요 돌다
憐 련 어여삐 여기다	茅 모 띠
迹 적 자취	斃 폐 넘어지다

| 구절 풀이와 문법 |

1. 金蓋仁은 居寧縣人也라 : 김개인金蓋仁은 거령현居寧縣 사람이다.

- 居寧縣人 : 거령현 사람. '居寧'은 고을 이름.

2. 畜一狗하니 甚憐이라 : 개 한 마리를 키우고 있었는데 매우 예뻐하였다.

- 憐 : 어여삐 여기다. 사랑하다.

3. 嘗一日에 出行할새 狗亦隨之라 : 일찍이 하루는 출행하는데 개도 따라갔다.

- 狗亦隨之 : 개도 그(김개인을 가리킴)를 따르다.

4. 蓋仁이 醉臥道周而睡한대 : 개인이 취하여 길가에 누워서 잠이 들었는데,

- 醉臥道周而睡 : 취하여 길가에 누워서 잠이 들다. '而'는 '~하여'.

- 道周 : 길가. 여기서 周는 '곁'이란 뜻이다.

5. 野燒將及에 狗乃濡身于傍川하여 : 들불이 나서 장차 타들어오는 것이었다. 개가 이에 곁의 냇물에서 몸을 적셔,

- 將及 : 장차 미치려 하다. '將'은 '장차 ~하려 하다.'

6. 來往環繞하여 以潤著草茅하여 令絶火道라가 氣盡乃斃라 : 오가며 빙 둘러 풀을 적셔 불길을 끊어지게 하고 기운이 다하여 죽었다.

- 令絶火道 : 불길로 하여금 끊어지게 하다. '令'은 '~으로 하여금.'

7. 蓋仁이 旣醒에 見狗迹하고 悲感하여 作歌寫哀라 : 개인이 술이 깨어 개의 자취를 보고 슬퍼하여 노래를 지어 슬픔을 나타내었다.

- 旣醒 : 이미 깨어. 즉 술이 깬 뒤에.

- 作歌寫哀 : 노래를 지어 슬픔을 쏟아내다.

8. 起墳以葬하고 植杖以誌之러니 : 무덤을 세워 장사 지내고 지팡이

를 꽂아서 이를 표시하였는데,

- 誌之 : 그곳을 표시하다. '之'는 개의 무덤을 가리킨다.

9. 杖成樹에 因名其地를 爲獒樹라하다 : 지팡이가 나무가 되었기 때문에 그 지역을 이름하여 오수獒樹라고 하였다.

- 爲獒樹 : 오수라 하다. '爲'는 '謂'와 같은 뜻으로 쓰인다.

10. 樂譜中에 有犬墳曲하니 是也라 : 악보樂譜 중에 〈견분곡犬墳曲〉이 있으니 이것이다.

- 是也 : '바로 이것이다' 정도로 해석하면 좋다.

| 해설 및 감상 |

대단히 유명한 설화이다. 자신의 몸을 바쳐 주인을 살리는 충견忠犬의 이야기가 깊은 감동을 준다. 산불이 다가와 주인이 위태롭게 되었을 때 냇물을 오가며 몸에 물을 적셔 주인의 주변에 불이 접근하지 못하도록 한 개의 영리함에 우리는 감동한다. 그리고 한낱 짐승이지만 자신의 목숨을 희생하여 주인을 살리는 충성심이 우리에게 깊은 울림을 준다.

野鼠婚
야서혼

野鼠가 欲爲其子하여 擇高婚하더니 初謂惟天最尊이라하여 遂

求之於天하니 天曰 我雖兼包萬有로되 非日月이면 則無以

顯吾德이라하여늘 野鼠가 求之於日月하니 日月이 曰 我雖普

照로되 惟雲이 蔽之라 彼居吾上乎인저하여늘 野鼠가 求之於

雲하니 雲이 曰 我雖使日月로 失明이나 惟風이 吹散이라 彼居

吾上乎인저하여늘 野鼠가 求之於風하니 風이 曰 我雖能散雲이나

惟田間石佛은 吹之不倒라 彼居吾上乎인저하여늘 野鼠가 求之

於石佛하니 石佛이 曰 我雖不畏風이나 惟野鼠가 穿我足底면

則傾倒라 彼居吾上乎인저하니 野鼠가 於是에 傲然自得하여

曰 天下之尊이 莫我若也라하고 遂婚於野鼠하더라

≪旬五志≫
순오지

| 주요 한자 |

鼠 서 쥐
擇 택 가리다
兼 겸 겸하다
顯 현 나타나다
普 보 넓다
照 조 비추다
蔽 폐 가리다

吹 취 불다
倒 도 넘어지다
畏 외 두려워하다
底 저 밑
穿 천 뚫다
傾 경 기울어지다
傲 오 오만하다

| 구절 풀이와 문법 |

1. 野鼠가 欲爲其子하여 擇高婚하더니 : 두더지가 그 자식을 위하여 높은 혼처를 택하려 하였는데,

   • 野鼠 : 들쥐라고도 하고 두더지라고도 한다.

   • 欲 : ~하고자 하다. '욕망'의 뜻을 나타내는 보조사.

2. 初謂惟天最尊이라하여 遂求之於天하니 : 처음에는 오직 하늘이 가장 높다 여기고는 드디어 하늘에게 이(혼처)를 구하니,

   • 初謂 : 처음에는 ~라 여기다. '謂'는 '爲'와 같이 쓰인다.

3. 天曰 我雖兼包萬有로되 非日月이면 則無以顯吾德이라하여늘 : 하늘이 말했다. "나는 비록 만물을 다 덮어 싸고 있지만 해와 달이 아니면 나의 덕을 드러낼 방법이 없다."

   • 雖 : 비록 ~라 하더라도. 가정형.

   • 無以 : ~할 방법이 없다.

4. 野鼠가 求之於日月하니 : 두더지가 해와 달에게 구하니,

   • 求之於日月 : '之'는 '혼처婚處'를 가리킨다.

5. 日月이 曰 我雖普照로되 惟雲이 蔽之라 彼居吾上乎인저하여늘 : 해와
   달이 말했다. "내가 비록 널리 비추지만 오직 구름이 가린다. 저
   것이 내 위에 있느니라."

   • 蔽之 : 그것을 가리다. '그것[之]'은 바로 해와 달 자신을 가리킨다.

6. 野鼠가 求之於雲하니 : 두더지가 구름에게 구하니,

   • 彼居吾上乎 : 저것[彼]이 내 위에 있도다.

7. 雲이 曰 我雖使日月로 失明이나 惟風이 吹散이라 彼居吾上乎인저하여늘 :
   구름이 말했다. "나는 비록 해와 달로 하여금 밝음을 잃게 하지
   만 오직 바람이 불어 흩어지게 한다. 저것이 내 위에 있느니라."

   • 使日月 失明 : 해와 달로 하여금 밝음을 잃게 하다. 사동형.

8. 野鼠가 求之於風하니 : 두더지가 바람에게 구하니,

9. 風이 曰 我雖能散雲이나 惟田間石佛은 吹之不倒라 彼居吾上乎인저하여
   늘 : 바람이 말했다. "내가 비록 구름을 흩어지게 할 수 있지만
   오직 밭 사이의 돌부처는 불어도 넘어지지 않는다. 저것이 내
   위에 있느니라."

   • 吹之不倒 : 불어도 넘어지지 않다. '之'는 '그에게', 즉 '석불에게'로 풀
     이한다.

10. 野鼠가 求之於石佛하니 石佛이 曰 我雖不畏風이나 : 두더지가 돌부
    처에게 구하니, 돌부처가 말했다. "내가 비록 바람을 두려워하
    지 않으나,

    • 不畏風 : 바람을 두려워하지 않다.

11. 惟野鼠가 穿我足底면 則傾倒라 彼居吾上乎인저하니 : 오직 두더지가
    내 발 밑을 뚫으면 기울어 넘어진다. 저것이 내 위에 있느니라."

- **穿我足底** 則傾倒 : 내 발 밑을 뚫으면 넘어진다. '則'은 '~하면'으로 가정형을 나타낸다.

12. **野鼠**가 **於是**에 **傲然自得**하여 **曰 天下之尊**이 **莫我若也**라하고 : 두더 지는 이에 거만한 모습으로 만족하면서 "천하에 높은 것이 나 만 한 것이 없다." 하고는,

- **傲然自得** : 거만하게 만족하다. '然'은 '傲'를 부사로 만드는 역할을 한다. '自得'은 만족한 모습을 나타낸다.

- **莫若** : ~만한 것이 없다. 최상급 비교.

13. **遂婚於野鼠**하더라 : 드디어 두더지에게 혼인했다.

- **遂** : 드디어.

- **於** : ~에게.

| 해설 및 감상 |

제 분수를 모르고 제 자식을 실력 있는 자에게 결혼시키려는 두 더지의 행동을 재미있게 꾸민 이야기이다.

하늘에서 시작하여 해와 달, 구름, 바람, 돌부처 등의 실력자들 에게 청혼을 해나가는 과정도 재미있거니와, 그들이 그럴듯한 이유 를 들어서 그 청혼을 자연스럽게 거절하면서 결국은 두더지에게 다 시 보내는 과정은 저절로 웃음을 자아내게 한다.

결국 그 두더지는 자식을 두더지와 결혼을 시키면서, "세상에 가 장 존귀한 존재는 바로 우리 두더지다."라고 자부한다. 끝까지 분수 를 모르는 모습을 보여준다. 제 분수에 맞게 생각하고 생활할 것을 강하게 호소하는 글이다.

孔子
공자

- 子曰 學而時習之면 不亦說乎아 有朋이 自遠方來면 不
  자왈 학이시습지 불역열호 유붕 자원방래 불

  亦樂乎아 人不知而不慍이면 不亦君子乎아
  역락호 인부지이불온 불역군자호

- 子曰 由아 誨女知之乎인저 知之爲知之요 不知爲不知가
  자왈 유 회여지지호 지지위지지 부지위부지

  是知也니라
  시지야

- 子曰 三人行에 必有我師焉이니 擇其善者而從之하고 其
  자왈 삼인행 필유아사언 택기선자이종지 기

  不善者而改之니라
  불선자이개지

- 季路가 問事鬼神한대 子曰 未能事人이면 焉能事鬼리오 曰
  계로 문사귀신 자왈 미능사인 언능사귀 왈

  敢問死하나이다 曰 未知生이면 焉知死리오   《論語》
  감문사 왈 미지생 언지사   논어

| 주요 한자 |

慍 온 화내다   擇 택 가리다
誨 회 가르치다   敢 감 감히

| 구절 풀이와 문법 |

1. 子曰 學而時習之면 不亦說乎아 : 공자가 말하였다. "배우고 때때로 그것을 익히면 또한 기쁘지 않겠는가?

   - 子曰 : ≪논어≫에서 '子曰'의 子는 공자를 말한다. '공자가 말하길', 혹은 '공자는 말하였다'라고 해석한다.

   - 而 : 그리고. 순접의 접속사.

   - 之 : 그것, 즉 '배운 것'.

   - 不亦~乎 : 역시 ~이 아닌가? 반어문.

   - 說(열) : 기쁘다(=悅).

2. 有朋이 自遠方來면 不亦樂乎아 : 벗이 먼 곳으로부터 오면 또한 즐겁지 않겠는가?

   - 有朋 : '어떤 친구', 혹은 '친구가 있어', 또는 有를 來 다음에 풀이하여 "친구가 먼 지방으로부터 옴이 있으면"으로 새겨도 무방하다.

   - 自 : 로부터.

   - 遠方 : 먼 지방.

3. 人不知而不慍이면 不亦君子乎아 : 남들이 알아주지 않더라도 성내지 않으면 또한 군자가 아니겠는가?"

   - 人 : 남.

   - 不知 : 〈나를〉 알아주지 않다.

   - 而 : 그러나. 역접의 접속사.

   - 君子 : 문장 성분으로는 서술어로 '군자이다'의 뜻이다.

4. 子曰 由아 誨女知之乎인저 : 공자가 말하였다. "유야, 너에게 안다

는 것에 대하여 가르쳐주마.

- 由 : 공자의 제자인 자로子路의 이름이다.

- 女 : 너(=汝).

5. 知之爲知之요 不知爲不知가 是知也니라 : 아는 것을 안다고 하고, 모르는 것을 모른다고 하는 것, 이것이 아는 것이니라."

- 知之爲知之 : 여기서 '爲'는 '말하다〔謂〕'의 뜻이다. 따라서 앞의 '之'는 '목적격 어조사'로 앞의 知가 목적어이다. 뒤의 '之'는 대명사이다. 즉, 知之(아는 것을) 爲(말한다) 知之(그것을 안다고).

- 不知爲不知 : 앞의 경우와 같은데, '爲' 앞에 목적격 어조사 '之'와 맨 뒤의 대명사 '之'가 생략되었다. 不知(알지 못하는 것을) 爲(말한다) 不知(알지 못한다고).

6. 子曰 三人行에 必有我師焉이니 : 공자가 말하였다. "세 사람이 길을 감에 반드시 나의 스승이 있으니,

- 焉 : 於此(여기에, 이에)의 뜻이다.

7. 擇其善者而從之하고 其不善者而改之니라 : 그 착한 사람을 택하여 그를 따르고, 그 착하지 못한 사람을 가려서 나의 행동을 고친다."

- 從之 : 착한 것을 따라 행한다는 말이다.

- 其不善者 : 擇其不善者에서 擇이 생략된 형태로, '착하지 못한 사람을 택하여', 즉 '착하지 못한 사람을 보고'의 뜻이다.

- 改之 : 착하지 못한 사람을 보고서 '나는 저렇게 하지 말아야지' 하면서 자기의 착하지 못한 것을 고친다는 말이다.

8. 季路가 問事鬼神한대 : 계로가 귀신 섬기는 것을 물으니,

- 季路 : 공자의 제자인 자로子路와 동일인이라고 전한다.

- 事 : 섬기다.

9. 子曰 未能事人이면 焉能事鬼리오 : 공자가 말하였다. "사람을 잘 섬기지 못한다면 어찌 귀신을 섬길 수 있겠는가?"

- 이 말은 계로에게 "우선 사람 섬기기를 잘하라."고 한 말이다.

- 焉 : 어찌.

10. 曰 敢問死하나이다 : 〈계로가〉 말하였다. "감히 죽음을 여쭙습니다."

11. 曰 未知生이면 焉知死리오 : 공자가 말하였다. "삶을 알지 못하면 어찌 죽음을 알리오?"

- 이 말은 계로에게 "우선 삶이 무엇인지부터 알라."고 한 것이다. '귀신'과 '죽음'보다는 '사람'과 '삶'에 대해 더 강조한 이 말에서 공자의 현실주의적인 입장을 잘 알 수 있다. 유학儒學이 '내세관來世觀'이 없기 때문에 종교宗教가 아니라는 것을 주장할 때 많은 사람들이 이 구절을 논거로 들기도 한다.

| 해설 및 감상 |

《논어》는 사서四書의 하나로, 공자의 사상이 잘 나타나 있는 책이다. 이 책에서는 《논어》 전체 가운데 겨우 4구절만을 뽑았는데, 비록 적은 분량이지만 공자의 사상이 함축되어 있는 구절들이다.

첫 구절은 《논어》 맨 앞 장구章句로, 학문學問・교우交友・군자君子다운 행동이 무엇인가 등을 함축적인 말로 설명하고 있다. 그 외에 '앎'이 무엇인가, 스승은 무엇인가를 비롯해, 내세來世보다는 현세現世를 중시한 공자의 사상을 엿볼 수 있는 문장들이다.

孟子
맹자

孟子見梁惠王하신대 王曰 叟不遠千里而來하시니 亦將有
맹자견양혜왕 왕왈 수불원천리이래 역장유

以利吾國乎잇가 孟子對曰 王은 何必曰利잇고 亦有仁義而
이리오국호 맹자대왈 왕 하필왈리 역유인의이

已矣니이다 王曰何以利吾國고하시면 大夫曰何以利吾家오하며
이의 왕왈하이리오국 대부왈하이리오가

士庶人曰何以利吾身고하여 上下交征利면 而國危矣리이다
사서인왈하이리오신 상하교정리 이국위의

萬乘之國에 弑其君者는 必千乘之家요 千乘之國에 弑其
만승지국 시기군자 필천승지가 천승지국 시기

君者는 必百乘之家니 萬取千焉하며 千取百焉이 不爲不多
군자 필백승지가 만취천언 천취백언 불위불다

矣언마는 苟爲後義而先利면 不奪하여는 不饜이니이다 未有仁
의 구위후의이선리 불탈 불염 미유인

而遺其親者也며 未有義而後其君者也니이다 王은 亦曰仁
이유기친자야 미유의이후기군자야 왕 역왈인

義而已矣시니 何必曰利잇고 《孟子》
의이이의 하필왈리 맹자

| 주요 한자 |

梁 량 나라 이름, 들보, 다리   弑 시 죽이다
叟 수 늙은이   苟 구 진실로, 구차하다
庶 서 뭇   奪 탈 빼앗다
征 정 가다, 치다   饜 염 포식하다, 만족하다

| 구절 풀이와 문법 |

1. 孟子見梁惠王하신대 : 맹자가 양혜왕을 만나보았는데,

   • 梁惠王 : 위魏나라 제후인데 대량大梁에 도읍하고 죽은 뒤 시호諡號
     를 혜惠라 하였다. 혜왕 35년에 널리 어진 사람을 초청하여 맹자가
     가서 혜왕을 만난 것이다.

2. 王曰 叟不遠千里而來하시니 亦將有以利吾國乎잇가 : 왕이 말하였다.
   "노인장께서 천리를 멀다하지 않고 오시니 역시 장차 우리나라
   를 이롭게 함이 있겠습니까?"

   • 叟 : 늙은이의 존칭이다.

   • 不遠千里 : 천 리를 멀다 하지 않다.

   • 以利吾國 : 〈이로써〉 우리나라를 이롭게 하다. 여기서 이로움이란
     부국강병富國强兵을 말한다.

3. 孟子對曰 王은 何必曰利잇고 亦有仁義而已矣니이다 : 맹자가 대답하
   여 말하였다. "왕은 어찌 반드시 이익만을 말씀하십니까? 또한
   인과 의가 있을 따름입니다.

   • 曰利 : 이로움을 말하다.

   • 而已矣 : ~일 따름이다.

4. 王曰何以利吾國고하시면 大夫曰何以利吾家오하며 士庶人曰何以利吾

身고하여 : 왕이 '어떻게 우리나라를 이롭게 할까' 하면, 대부들은 '어떻게 우리 집안을 이롭게 할까' 하며, 사士나 서인들은 '어떻게 나의 몸을 이롭게 할까' 하여,

- 王曰~ : 왕이 ~말한다면. 모두 맹자의 말이다.

- 士庶人 : 일반 백성.

5. 上下交征利면 而國危矣리이다 : 위아래가 서로 이익만 추구한다면 나라가 위태로워질 것입니다.

- 上下 : 임금부터 일반 백성까지를 말한다.

- 交 : 서로.

- 征 : 다투다.

6. 萬乘之國에 弑其君者는 必千乘之家요 : 만승의 나라(천자의 나라)에 그 임금을 죽이는 사람은 반드시 천승의 나라(제후의 나라)이며,

- 萬乘之國 : 천자의 나라. 乘은 수레의 수효를 말하는데, 천자는 일이 있을 경우 수레 만 대를 출동할 수 있다.

- 千乘之家 : 제후의 국가. 제후는 수레 천 대를 출동할 수 있다. 이 글의 내용은 천자를 죽이는 사람은 제후라는 말이다.

7. 千乘之國에 弑其君者는 必百乘之家니 : 천승의 나라에 그 임금을 죽이는 사람은 반드시 백승의 집안(대부의 집안)이니,

- 百乘之家 : 대부의 집. 대부는 수레 백 대를 출동할 수 있다. 이 글의 내용은 '제후를 죽이는 사람은 대부'라는 말이다.

8. 萬取千焉하며 千取百焉이 不爲不多矣언마는 : 만에서 천을 취하고 천에서 백을 취하는 것이 많지 않은 것이 아니지만,

- 萬取千焉 : 만 중에 천을 가지고 있다.

- 千取百焉 : 천 중에 백을 가지고 있다.

- 不爲不多矣 : 많지 않은 것이 아니다, 즉 '많다'는 말이다. 이 글의 내
  용은 '제후는 만 중에 1/10인 천을 가지고 있고, 대부는 천 중에
  1/10인 백을 가지고 있으므로, 이미 만족할 만큼 충분이 가지고 있
  다.'는 말이다.

9. 苟爲後義而先利면 不奪하여는 不饜이니이다 : 만일 의를 뒤로 하고
   이익만을 앞세운다면 빼앗지 않으면 만족하지 않을 것입니다.

- 後義而先利 : 의를 뒤로 하고 〈자신의〉 이익만을 앞세우다. 이 글은
  양혜왕처럼 이익만을 앞세우면 1/10에 만족하지 못하고 나머지를 다
  갖기 위해 윗사람을 해치게 된다는 말이다. 즉 임금이 이익을 추구하
  면 모든 사람이 이익을 추구하게 되어 결국은 임금 지위도 위태롭게
  된다는 뜻이다.

10. 未有仁而遺其親者也며 未有義而後其君者也니이다 : 어질면서 그
    어버이를 버리는 사람은 있지 않으며, 의로우면서 그 임금을 뒤
    로 하는 사람은 있지 않습니다.

- 未有 : 〈아직〉 있지 않다.

- 後其君 : 임금을 뒤로하다, 즉 임금에게 충성하지 않다.

11. 王은 亦曰 仁義而已矣시니 何必曰利잇고 : 왕은 또한 인仁과 의義
    를 말씀하셔야지 어찌 반드시 이익만을 말씀하십니까?"

| 해설 및 감상 |

이 글은 ≪맹자≫의 첫 부분으로, 맹자의 인의仁義사상이 잘 나타
난 글이라고 하겠다. 이익을 추구하던 당시의 세태에서 혜왕에게 인
의가 더 소중하다는 정치 이념을 역설하고 있다.

　임금이 이익을 추구하면 결국 온 나라가 이익을 추구하게 되어, 이로 인한 병폐는 결국 임금의 지위까지 위협받게 될 것이라고 경고한다. 임금이 지금의 지위를 끝까지 유지하려면 이익을 추구하지 말고 인의를 추구하라고 충고하는데, 경제經濟 우선주의와 물질物質 만능주의에 찌든 현재의 우리들에게도 소중한 가르침이 아닐 수 없다.

雜說
잡설

世有伯樂然後에 有千里馬니 千里馬는 常有로되 而伯樂은
세유백락연후 유천리마 천리마 상유 이백락

不常有라 故로 雖有名馬라도 秖辱於奴隷人之手하여 騈死
불상유 고 수유명마 지욕어노예인지수 병사

於槽櫪之間하여 不以千里稱也라 馬之千里者는 一食에 或
어조력지간 불이천리칭야 마지천리자 일식 혹

盡粟一石이어늘 食馬者가 不知其能千里而食也하니 是馬가
진속일석 사마자 부지기능천리이사야 시마

雖有千里之能이나 食不飽하고 力不足하여 才美不外見하니
수유천리지능 식불포 역부족 재미불외현

且欲與常馬로 等이라도 不可得이니 安求其能千里也리오 策
차욕여상마 등 불가득 안구기능천리야 책

之를 不以其道하고 食之를 不能盡其材하며 鳴之나 不能通
지 불이기도 사지 불능진기재 명지 불능통

其意하고 執策而臨之曰 天下無良馬라하니 嗚呼라 其眞無
기의 집책이임지왈 천하무양마 오호 기진무

馬耶아 其眞不識馬耶아   ≪古文眞寶≫
마야 기진불식마야   고문진보

| 주요 한자 |

秪 지 다만   槽 조 말구유
隸 례 종, 서체 이름   櫪 력 마판
騈 변·병 나란하다   策 책 채찍, 계책
飽 포 배부르다   執 집 잡다

| 어절 풀이와 문법 |

1. 世有伯樂然後에 有千里馬니 : 세상에 백락伯樂이 있은 뒤에 천리
   마千里馬가 있으니,

   • 伯樂 : 중국 전국시대의 말[馬] 감정가이다. 후에 보통명사화하여 말
     을 잘 볼 줄 아는 사람이라는 뜻으로 쓰였다. 여기서는 인재人才를
     알아볼 줄 아는 사람에 비기고 있다.

   • 千里馬 : 하루에 천 리를 달리는 명마. 여기서는 인재를 비유적으로
     표현한 말이다. 이 구절은 천리마를 알아보는 사람이 있어야 천리
     마가 존재할 수 있다는 사실을 말한 것이다.

2. 千里馬는 常有로되 而伯樂은 不常有라 : 천리마는 항상 있으나 백
   락이 항상 있지는 않다.

   • 不常 : 항상 ~한 것은 아니다, 혹은 항상 ~하지는 않다. 부분부정.

3. 故로 雖有名馬라도 : 그러므로 비록 명마가 있더라도,

   • 雖 : 비록 ~일지라도, 비록 ~이나. 가정문을 이끄는 부사.

4. 秪辱於奴隸人之手하여 : 단지 노예의 손에 욕당하여,

   • 於 : ~에게 ~당하다. 피동 후치사, 피동 조사.

   • 奴隸 : 말을 키우는 사람이 집의 노비이므로 한 말이다.

5. 騈死於槽櫪之間하여 不以千里稱也라 : 구유와 마판(마구간)에서 나

란히 죽어가 천리마로 불리지 못하고 만다.

- **駢死** : 나란히 죽어가다. 마구간의 말이 다른 말들과 나란히 매여 있으므로 한 말이다.

- **不以千里稱也** : 천 리로써 일컬어지지 못하다. 즉 천리마라고 불리지 못하다. '以千里不稱也'의 도치.

6. **馬之千里者**는 **一食**에 **或盡粟一石**이어늘 : 말 중에 천 리 가는 놈은 한 끼에 어떤 때는 곡식 한 섬을 다 먹는데,

- **馬之千里者** : 말이(말 중에) 천 리 가는 놈. 之는 주격 어조사. 千里는 서술어로 '천 리 가다'의 뜻이다.

- **或盡粟一石** : 어떤 때는 곡식 한 섬을 다 먹는다. 石은 부피로는 1섬, 무게로는 120근斤이다.

7. **食馬者**가 **不知其能千里而食也**하니 : 말을 먹이는 자가 그것이 천 리 갈 수 있음을 모르고 먹이니,

- **食馬者** : 말을 먹이는 사람. 食(사)는 '먹이다'의 뜻이다.

- **能千里** : 천 리 갈 수 있다.

8. **是馬**가 **雖有千里之能**이나 : 이 말이 비록 천 리를 갈 능력이 있으나,

- **千里之能** : 천 리의 능력, 즉 천 리를 갈 수 있는 능력. 之는 관형격 어조사.

9. **食不飽**하고 **力不足**하여 **才美不外見**하니 : 먹는 것이 배부르지 못하고 힘이 부족하여 재주의 아름다움이 겉으로 드러나지 않으니,

- **食(식)** : 먹은 것(식사食事).

- **見(현)** : 드러나다, 나타나다. = 現.

10. **且欲與常馬**로 **等**이라도 **不可得**이니 : 장차 보통 말과 같아지려고

하여도 그럴 수 없으니,

- 且欲~等 : 장차 같아지려고 하다.

- 常馬 : 평범한 말.

- 不可得 : 할 수 없다.

11. 安求其能千里也리오 : 어찌 그것이 천 리 갈 수 있기를 바라랴?

- 安~ : 반어문.

12. 策之를 不以其道하고 食之를 不能盡其材하며 鳴之나 不能通其意하고 : 그것을 채찍질하되 바른 방법으로 하지 않고, 그것을 먹이되 그 재주를 다 발휘할 수 없게 하며, 울어도 그 뜻을 이해하지 못하고,

- 不以其道 : 그 도(바른 방법)로써 〈채찍질〉하지 않다.

13. 執策而臨之曰 天下無良馬라하니 : 채찍을 잡고 다가가 말하기를 "천하에 좋은 말이 없다." 하니,

- 良馬 : 좋은 말. 천리마千里馬, 명마名馬.

14. 嗚呼라 其眞無馬耶아 其眞不識馬耶아 : 아! 참으로 말이 없는 것인가? 참으로 말을 알아보지 못하는 것인가?

- 其眞無馬耶 其眞不識馬耶 : 앞의 '其眞無馬耶'는 뒷구절을 강조해주고 있다.

| 해설 및 감상 |

인재를 알아보기가 얼마나 힘든지 천리마 알아보는 것에 비유해서 쓴 글이다. 즉 인재는 항상 있지만 알아주는 이가 없어 빛을 발하

지 못하고 아깝게 사장死藏되고 있다는 것이다.

현실을 사는 우리도 겉모습으로 사람을 판단하거나 지연地緣·혈연血緣·학연學緣 따위에 구애되어 참된 사람을 알아보지 못하는 경우는 없는지 생각해보아야 하겠다. 인재 알아보기가 힘든 것을 뜻하는 또 다른 고사성어로는 '화씨지벽和氏之璧'이 있다. 안목 없는 말 감정가에게 인정받지 못해 마구간에서 평범하게 죽어간 천리마처럼, 안목 없는 옥장玉匠에게 인정받지 못했던 화씨和氏(변화卞和)의 옥돌 이야기이다.

師說
사 설

古之學者는 必有師니 師者는 所以傳道授業解惑也라 人
고지학자 필유사 사자 소이전도수업해혹야 인

非生而知之者면 孰能無惑이리오 惑而不從師면 其爲惑也는
비생이지지자 숙능무혹 혹이부종사 기위혹야

終不解矣니라 生乎吾前하여 其聞道也가 固先乎吾면 吾從
종불해의 생호오전 기문도야 고선호오 오종

而師之하고 生乎吾後라도 其聞道也가 亦先乎吾면 吾從而
이사지 생호오후 기문도야 역선호오 오종이

師之리니 吾師道也니라 夫庸知其年之先後生於吾乎리오 是
사지 오사도야 부용지기년지선후생어오호 시

故로 無貴無賤하며 無長無少요 道之所存이 師之所存也라
고 무귀무천 무장무소 도지소존 사지소존야

…(중략)… 弟子不必不如師요 師不必賢於弟子라 聞道有先
제자불필불여사 사불필현어제자 문도유선

後요 術業有專攻이니 如是而已니라   ≪古文眞寶≫
후 술업유전공 여시이이   고문진보

| 주요 한자 |

孰 숙 누구   庸 용 범상하다, 어찌
惑 혹 미혹하다   攻 공 치다, 익히다
賤 천 천하다   專 전 오로지

| **구절 풀이와 문법** |

1. **古之學者**는 **必有師**니 : 옛날의 학자들은 반드시 스승이 있었으니,

   • **古之學者** : 옛날의 학자. '之'는 '~의'.

2. **師者**는 **所以傳道授業解惑也**라 : 스승은 도道를 전하고 학업學業을 전수하고 의혹을 풀어주는 사람이다.

   • **師者** : 스승이라는 것. '者'는 존재를 나타낸다.

   • **所以** : ~하는 존재.

3. **人非生而知之者**면 **孰能無惑**이리오 : 사람은 태어나면서부터 아는 존재가 아니라면, 누군들 의혹이 없을 수 있으리오?

   • **生而知之者** : 나면서부터 아는 사람. ≪논어論語≫에서 공자孔子가 한 말이다. '之'는 '그것'의 뜻이나, 여기서는 해석하지 않아도 된다.

   • **孰能** : 누가 능히 ~하리오? 반어형.

4. **惑而不從師**면 **其爲惑也**는 **終不解矣**니라 : 의혹이 있으면서도 스승을 따르지 않는다면 그 의혹된 것은 끝내 풀리지 않을 것이다.

   • **而** : ~하더라도. 역접.

   • **也** : 주어를 강조한다.

   • **終** : 마침내, 끝내. 부사.

5. **生乎吾前**하여 **其聞道也**가 **固先乎吾**면 **吾從而師之**하고 : 나보다 먼저 태어나서 그 도를 들은 것이 진실로 나보다 앞선다면 내가 따라서 그를 스승으로 삼고,

   • **生乎吾前** : '乎'는 '~에'의 뜻이다. '乎' 대신 '於'를 써도 된다.

   • **固先乎吾** : '固'는 '진실로'의 뜻이다. 부사. '乎'는 '~보다'의 뜻이다.

비교. 乎=於.

- 吾從而師之 : '而'는 '~하여'의 뜻이다. 순접. '師'는 '스승 삼다'의 뜻이다. 동사. '之'는 '그(를)'의 뜻이다. 목적격 대명사.

6. 生乎吾後라도 其聞道也가 亦先乎吾면 吾從而師之리니 : 나보다 뒤에 태어났더라도 그 도를 들은 것이 또한 나보다 앞선다면 나는 따라서 그를 스승으로 삼으리니,

7. 吾師道也니라 : 나는 도를 스승으로 삼는 것이다.

- 師道 : ① 스승의 도리. ② 도를 스승으로 삼다. 여기서는 ②의 뜻으로 쓰였다.

8. 夫庸知其年之先後生於吾乎리오 : 무릇 어찌 그 나이가 나보다 앞서거나 뒤짐을 따지겠는가?

- 夫 : 무릇. 대저. 별 뜻이 없는 발어사發語詞이다.

- 庸~乎 : 어찌 ~하리오? 반어형.

9. 是故로 無貴無賤하며 無長無少요 道之所存이 師之所存也라 : 그런 까닭에 귀하거나 천하거나, 나이가 많거나 적거나 관계없이 도가 있는 곳이 스승이 있는 곳이다.

- 無貴無賤 無長無少 : 귀한 사람이나 천한 사람이나, 나이 든 사람이나 젊은 사람이나

- 道之所存 : 도가 있는 곳. '之'는 주격으로 쓰였다.

10. 弟子不必不如師요 師不必賢於弟子라 : 제자가 반드시 스승만 같지 못한 것은 아니며, 스승이 반드시 제자보다 현명하지는 않다.

- 師不必賢於弟子 : '不必'은 '반드시 ~하지는 않다.'의 뜻이다. 부분부정. '於'는 '~보다'의 뜻이다. 비교.

11. 聞道有先後요 術業有專攻이니 如是而已니라 : 도를 들음에 선후先後가 있는 것이요, 학술에 전공專攻이 있는 것이니 이와 같을 뿐이다.

- 如是而已 : '如'는 '~와 같다'의 뜻이다. 비교. '而已'는 '~뿐이다'의 뜻이다. 한정형.

| 해설 및 감상 |

사람은 누구나 세상에 태어나면서부터 사람과의 만남을 갖게 된다. 그중에 스승과의 만남은 우리가 인생을 살아가는 데 있어 가장 중요한 만남이라 할 수 있다.

한유韓愈는 사람이라면 모름지기 스승에게서 배우고 그의 학문을 전수받고 또 모르는 것을 해결한다고 한다. 그런데 그가 정의한 '스승'이 우리가 반드시 본받아야 할 점이기도 하다. 즉 스승은 나이가 많든 적든, 신분이 높든 낮든 상관하지 말고 다만 '도를 먼저 깨달은 사람'이어야 한다는 것이다.

春夜宴桃李園序
춘야연도리원서

夫天地者는 萬物之逆旅요 光陰者는 百代之過客이라 而浮
부 천 지 자　　만 물 지 역 려　　광 음 자　　백 대 지 과 객　　　　이 부

生이 若夢하니 爲歡이 幾何오 古人秉燭夜遊가 良有以也로다
생　　약 몽　　　위 환　　기 하　　고 인 병 촉 야 유　　양 유 이 야

況陽春이 召我以煙景하고 大塊가 假我以文章에랴 會桃李
황 양 춘　　소 아 이 연 경　　　대 괴　　가 아 이 문 장　　　회 도 리

之芳園하여 序天倫之樂事하니 群季俊秀하여 皆爲惠連이어늘
지 방 원　　　서 천 륜 지 락 사　　군 계 준 수　　　개 위 혜 련

吾人詠歌는 獨慙康樂이로다 幽賞이 未已에 高談은 轉淸이라
오 인 영 가　　독 참 강 락　　　유 상　　미 이　　고 담　　전 청

開瓊筵以坐花하고 飛羽觴而醉月하니 不有佳作이면 何伸
개 경 연 이 좌 화　　　비 우 상 이 취 월　　　불 유 가 작　　　하 신

雅懷리오 如詩不成이면 罰依金谷酒數하리라 《古文眞寶》
아 회　　　여 시 불 성　　　벌 의 금 곡 주 수　　　　　　고 문 진 보

| 주요 한자 |

宴 연 잔치, 편안하다　　　　芳 방 꽃답다
浮 부 뜨다　　　　　　　　　俊 준 준걸, 크다
桃 도 복숭아　　　　　　　　詠 영 읊다
燭 촉 촛불, 밝다　　　　　　慙 참 부끄럽다
召 소 부르다　　　　　　　　康 강 편안하다
塊 괴 덩어리　　　　　　　　幽 유 그윽하다

醉 취 취하다	觴 상 술잔
懷 회 품다	伸 신 펴다
秉 병 잡다	雅 아 아담하다, 우아하다
瓊 경 옥, 구슬	罰 벌 벌주다
筵 연 자리	轉 전 돌다, 구르다

│ 구절 풀이와 문법 │

1. **夫天地者**는 **萬物之逆旅**요 **光陰者**는 **百代之過客**이라 : 무릇 천지天地라는 것은 만물의 여관이요, 세월이라는 것은 백대百代의 과객이다.

   - **夫** : 발어사發語辭로 말을 시작할 때나 다른 이야기로 화제를 돌릴 때 쓰는 말이다.

   - **萬物之逆旅** : 만물의 여관, 즉 만물이 쉬어 가는 곳. '逆'은 '만나다', '旅'는 '나그네'의 뜻으로, '逆旅'는 나그네를 맞이하는 곳, '여관'의 뜻이다.

   - **光陰** : 세월.

   - **百代** : 1세대는 30년이므로 100세대는 3,000년이다. 여기서는 '영원하다'는 뜻이다.

   - **過客** : 지나가는 나그네. 하늘과 땅은 만물이 잠깐 머물다가 가는 여관 같은 곳이니, 세월은 잠시도 쉬지 않고 지나가고 인간은 얼마 못 살고 죽게 마련이다.

2. **而浮生**이 **若夢**하니 **爲歡**이 **幾何**오 : 뜬 인생이 꿈과 같으니 즐거움이 얼마나 되리오?

   - **爲歡幾何** : 즐거움이 얼마 안 된다는 말이다.

3. **古人秉燭夜遊**가 **良有以也**로다 : 옛사람들이 촛불을 잡고 밤에 노

닌 것이 진실로 까닭이 있다.

- **古人秉燭夜遊** : 고시古詩 가운데 "生年不滿百 常懷千歲憂 晝短苦夜 長 何不秉燭遊(사는 햇수가 백 년을 채우지 못하는데, 항상 천 년의 근심 을 품고 있네. 낮 짧고 몹시도 밤은 기니, 어찌 촛불을 잡고 노닐지 않겠는 가?)"라는 구절이 있다.

- **良** : 진실로.

- **以** : 까닭, 이유.

4. **況陽春**이 **召我以煙景**하고 **大塊**가 **假我以文章**에랴 : 하물며 따뜻한 봄이 밤안개 낀 경치로써 나를 부르고, 대자연(조물주)이 문장의 능력을 나에게 빌려주었음에랴!

- **陽春** : 따뜻한 봄날.

- **煙景** : 안개 자욱한 경치. 煙을 아지랑이라고 번역하는 경우도 있으 나, 春夜이므로 밤안개라고 보는 것이 좋다.

- **大塊** : 대자연, 우주, 조물주.

- **假我以文章** : 자신이 문장을 할 줄 안다는 말이다.

5. **會桃李之芳園**하여 **序天倫之樂事**하니 : 복숭아꽃, 오얏꽃 핀 아름 다운 뜰에 모여 형제간의 즐거움을 펴니,

- **桃李** : 복사꽃과 오얏(자두)꽃.

- **序** : 풀다.

- **天倫** : 뒤에 형제에 대한 이야기가 나오는 것으로 보아 형제간을 말한다.

6. **群季俊秀**하여 **皆爲惠連**이어늘 : 여러 아우들은 준수하여 모두 혜련 惠連과 같은데,

- 季 : 원래 막내 동생을 의미하나, 여기서는 '동생'의 뜻이다.

- 惠連 : 사령운謝靈運의 친족 동생이다. 문장가인 사령운은 집안 동생들과 모여 시 짓기를 한 적이 있는데, 사령운의 동생들 중에 막내인 혜련惠連이 그날 장원하였다 한다. 여기서는 이백李白의 여러 동생들이 그 옛날의 사혜련처럼 시를 잘 짓는다는 말이다. 또 사령운 형제들의 시회詩會는 후세 문인들 사이에는 매우 부러운 일로 받아들여졌는데, 이백은 오늘의 시회를 은근히 뽐내며 사령운의 시회에 비기고 있다.

7. 吾人詠歌는 獨慙康樂이로다 : 나의 노래만 홀로 강락康樂에 부끄럽구나.

- 吾人 : 나, 즉 이백 자신을 가리킨다.

- 康樂 : 사령운謝靈運의 자字이다.

- 獨慙康樂 : "〈내 노래만이〉 유독 사령운(사씨 집안 형제 중 맏형이며 문장을 가장 잘한 사람)에게 부끄러울까 하노라.(부끄럽지나 않을까?)"의 의미로, 자신을 낮추어 동생들을 추켜세우는 말이다.

8. 幽賞이 未已에 高談은 轉淸이라 : 그윽한 감상이 아직 그치지 않았는데 고상한 이야기는 점점 맑아진다.

- 轉 : 점점.

9. 開瓊筵以坐花하고 飛羽觴而醉月하니 : 화려한 자리를 열어 꽃 앞에 앉고, 술잔을 날리며(주고받으며) 달빛에 취하니

- 羽觴 : 깃털 모양 무늬의 술잔, 또는 참새 모양의 술잔이라고 하는데 미상이다. 飛는 술잔 주고받는 것을 표현한 말이다.

- 醉月 : 달빛에 취하다.

10. 不有佳作이면 何伸雅懷리오 : 아름다운 작품이 없다면 어찌 고상

한 회포를 펴겠는가?

11. **如詩不成**이면 **罰依金谷酒數**하리라 : 만약 시가 이루어지지 않으면 벌주는 금곡의 술잔 수에 따르리라.

- 如 : 만약.

- 罰依金谷酒數 : 依金谷酒數而罰(금곡주 숫자에 의거해서 벌주다.)의 도치형이다. 金谷酒數는 3잔이다. 금곡金谷의 수령인 석숭石崇이라는 사람이 고을의 부로父老를 모아놓고 시회詩會를 열었는데, 시를 짓지 못하는 사람에게 술 석 잔을 벌주로 먹게 했다는 고사에서 유래한 표현이다.

| 해설 및 감상 |

인간은 짧은 생애를 살고 죽는다. 그 짧은 기간 동안에 즐거움이란 얼마 되지 않는다. 아름다운 봄날의 밤, 복사꽃·오얏꽃 흐드러진 정원에 모여 형제들과 시회詩會를 열며 즐긴다는 내용이다. 어떻게, 그리고 무엇을 즐기는 것이 참다운 즐거움인지를 다시 생각하게 하는 글이다.

前赤壁賦
전 적 벽 부

壬戌之秋七月既望에 蘇子與客으로 泛舟하여 遊於赤壁
임술지추칠월기망   소자여객   범주   유어적벽

之下할새 淸風은 徐來하고 水波는 不興이라 擧酒屬客하고
지하   청풍   서래   수파   불흥   거주촉객

誦明月之詩하며 歌窈窕之章이러니 少焉에 月出於東山之
송명월지시   가요조지장   소언   월출어동산지

上하여 徘徊於斗牛之間이라 白露는 橫江하고 水光은 接天이라
상   배회어두우지간   백로   횡강   수광   접천

縱一葦之所如하여 凌萬頃之茫然이라 浩浩乎如憑虛御
종일위지소여   능만경지망연   호호호여빙허어

風하여 而不知其所止하고 飄飄乎如遺世獨立하여 羽化而
풍   이부지기소지   표표호여유세독립   우화이

登仙이라 於是에 飮酒樂甚하여 扣舷而歌之하니 歌曰 桂
등선   어시   음주락심   구현이가지   가왈 계

棹兮蘭槳으로 擊空明兮泝流光이로다 渺渺兮余懷여 望美
도혜난장   격공명혜소류광   묘묘혜여회   망미

人兮天一方이로다   ≪古文眞寶≫
인혜천일방   고 문 진 보

| 주요 한자 |

泛 범 뜨다
屬 속·촉 무리, 권하다
窈 요 곱다
窕 조 곱다
徘 배 방황하다
徊 회 방황하다
凌 릉 업신여기다
憑 빙 기대다

飄 표 나부끼다
舷 현 뱃전
扣 구 두드리다
棹 도 노
槳 장 상앗대
泝 소 거슬러 올라가다
渺 묘 아득하다

| 구절 풀이와 문법 |

1. **壬戌之秋七月旣望**에 : 임술년壬戌年 가을 7월 16일에,

   • **壬戌** : 1082년.

   • **旣望** : 음력 16일.

2. **蘇子與客**으로 **泛舟**하여 **遊於赤壁之下**할새 : 소자蘇子가 객客과 더불어 배를 띄워 적벽赤壁의 아래에서 노니는데,

   • **蘇子** : 이 글을 지은 소식蘇軾 자신을 말한다.

   • **赤壁** : 소식이 유배되었던 호북성 황강시에 있는 장강長江의 옛 유지로, 이 글의 배경이 되는 적벽대전赤壁大戰이 있었던 가어현의 적벽과는 다르다. 소식이 유배 와서 머물던 황강현은 가어현과는 상당히 떨어져 있다. 이곳에는 적벽이 없고 조그만 우각호牛角湖가 있을 뿐이다. 소식이 장소를 착각하여 적벽대전을 인용했던 것이 아니라, 고사를 인용해 정취를 살려 좋은 작품을 남기려고 했던 것으로 보인다. 이곳 적벽을 흔히 '동파적벽東坡赤壁' 혹은 '문적벽文赤壁'이라고 한다.

3. **淸風**은 **徐來**하고 **水波**는 **不興**이라 : 맑은 바람은 천천히 불어오고 물결이 일지 않는지라,

4. **擧酒屬客**하고 **誦明月之詩**하며 **歌窈窕之章**이러니 : 술을 들어 손님에게 권하고 '명월明月'의 시를 읊으며 '요조窈窕'의 구절을 노래하였다.

- **明月之詩** : ≪시경詩經≫〈국풍國風 진풍陳風〉에 있는 〈월출月出〉편을 이른다.

- **窈窕之章** : ≪시경≫〈국풍 주남周南〉에 있는 〈관저關雎〉편, 또는 〈월출〉편의 '요규窈糾'를 말한다고 하기도 한다.

5. **少焉**에 **月出於東山之上**하여 **徘徊於斗牛之間**이라 : 조금 있으니, 달이 동산東山 위에서 나와 남두성南斗星과 견우성牽牛星 사이에서 배회하였다.

- **少焉** : 잠시 뒤에.

6. **白露**는 **橫江**하고 **水光**은 **接天**이라 : 이슬은 강에 비껴 있고 물빛은 하늘에 닿아 있다.

7. **縱一葦之所如**하여 **凌萬頃之茫然**이라 : 한 조각 작은 배가 가는 대로 맡겨둔 채 아득한 만경창파萬頃蒼波를 업신여기며 떠간다.

- **一葦之所如** : 하나의 갈대는 작은 배를 말하고, 之는 주격조사, 如는 '가다'의 뜻이다.

8. **浩浩乎如憑虛御風**하여 **而不知其所止**하고 : 넓고 넓어 허공에 기대어 바람을 몰아 그 그칠 바를 알지 못할 것 같고,

- **憑虛御風** : 바다에 떠 있는 것이 하늘을 나는 것 같음을 의미하는 말이다.

9. **飄飄乎如遺世獨立**하여 **羽化而登仙**이라 : 표표하여 세상을 잊고 홀로 선 채 날개가 돋아 신선이 되어 오르는 듯하다.

- 飄飄 : 나부끼는 모양.

10. 於是에 飮酒樂甚하여 扣舷而歌之하니 : 이에 술을 마시고 즐거움이 넘쳐 뱃전을 두드리며 노래를 부르니,

11. 歌曰 桂棹兮蘭槳으로 擊空明兮泝流光이로다 渺渺兮余懷여 望美人兮天一方이로다 : 노래에 이르기를 "계수나무 노와 목란 삿대로 맑은 물속에 비추인 달 그림자를 치며, 흐르는 〈물에 반짝이는〉 달빛을 거슬러 올라가도다. 아득하도다, 나의 회포여! 하늘 저쪽으로 아름다운 사람을 바라보도다."라고 하였다.

- 空明 : 고요한 물에 비친 달 그림자.

- 流光 : 흐르는 물에 부서지는 달빛.

- 渺渺 : 아득한 모양.

- 대우對偶가 사용되었다.

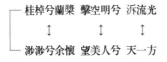

| 해설 및 감상 |

소식蘇軾이 왕안석王安石의 신법新法에 반대하다가 황주黃州의 황강현黃岡縣으로 유배 가서 지은 글이다. 자연은 아름답고 무궁한데, 이에 비해 인생은 한없이 덧없다는 것을 세련되고 활달한 필치로 이야기 하고 있다. 아름답고 거대한 자연 앞에 자신은 한낱 나약한 인간임을 토로하고 있는 것이다.

2장 한시漢詩

1. 오언절구五言絶句

한시漢詩는 짧은 형식 속에 많은 내용을 포함하고 있는 독특한 문학
양식이다. 그 가운데서도 특히 오언절구五言絶句는 20자만으로 갖가지
자연의 풍경과 작가의 생각들을 모두 표현해내기 때문에 가장 함축성
이 뛰어난 형식이다. 오언이란 한 구句의 자수字數가 5자라는 뜻이며,
절구란 4구로 이루어진 근체시를 말한다. 오언시는 대부분 2자·3자로
끊어서 읽으며, 해석 역시 2자·3자로 끊어서 해석하면 쉽게 풀이된다.
오언절구를 학습하면서 한시의 특성을 이해해보기로 한다.

春曉
춘 효

孟浩然
맹 호 연

春眠不覺曉한대
춘 면 불 각 효

處處聞啼鳥라
처 처 문 제 조

夜來風雨聲하니
야 래 풍 우 성

花落知多少라
화 락 지 다 소

| 주요 한자 |

曉 효 세벽   眠 면 잠자다

| 시구 풀이 |

- 不覺曉 : 새벽을 깨닫지 못하다. 즉 봄잠에 나른하여 날이 새는 줄을 몰
  랐다는 말이다.

- 啼鳥 : 조제鳥啼의 도치이다. '鳥啼'는 '새 울음'이고, '啼鳥'는 '우는 새'인
  데, 운韻을 맞추기 위해서 도치하였다.

- 夜來 : 밤새. '來'는 흔히 시간의 경과를 나타내는 데 쓰인다. 즉 밤 어느
  한순간이 아니라 '밤 내내'라는 의미이다.

- 知多少 : 얼마인지 알겠다. '多少'는 '얼마'의 뜻이다. 의역하면 〈꽃 떨
  어진 것이〉 얼마나 될까?, 즉 '꽤 많이 졌을 테지.'이다. 따라서 이 구절
  을 의문형으로 해석하지 않고, '꽃이 꽤 많이 졌으리라.'라고 평서형으
  로 해석하기도 한다.

| 한시 풀이 |

  봄잠에 새벽 된 줄 몰랐더니,
  곳곳에 새 지저귀는 소리 들려오네.
  간밤에 비바람 소리 들렸으니,
  꽃은 얼마나 떨어졌을까.

| 형식 및 주제 |

  1. 형식 : 오언절구.

2. 운자韻字 : 曉, 鳥, 少.

- 오언절구에서는 2구, 4구에 필수적으로 압운押韻을 해야 하는데, 간혹 1구에 압운하는 경우도 있다. 이 시에서는 1구에도 압운되어 있다.

3. 배경 : 봄날 새벽.

4. 주제 : 봄이 감을 아쉬워함.

| 해설 및 감상 |

느지막이 봄잠에서 깨어난 시인은 간밤에 내린 비로 꽃잎이 꽤 떨어져 있을 것이라고 생각한다. 이에 아름다운 계절이 덧없이 지나가고 있음을 애석히 여기는 심정을 노래하였다.

江雪
강 설

柳宗元
유 종 원

千山鳥飛絶이요
천 산 조 비 절

萬徑人蹤滅이라
만 경 인 종 멸

孤舟蓑笠翁이
고 주 사 립 옹

獨釣寒江雪이라
독 조 한 강 설

| 주요 한자 |

徑 경 길, 지름길   蓑 사 도롱이
蹤 종 자취   笠 립 삿갓
滅 멸 멸하다   釣 조 낚시

| 시구 풀이 |

- 千山 : '千'은 꼭 1천을 말하는 것이 아니다. '많다', '온갖', '모든' 정도의 뜻이다. 2구의 '萬'도 같은 뜻이다.

- 孤舟 : 홀로 떠 있는 외로운 배라는 뜻으로, 여기서는 배에 탄 늙은이의 고독감을 증폭시키는 역할을 한다.

- 寒江雪 : 추운 강 눈 내리는 속.

| 한시 풀이 |

온 산에 새의 날갯짓 끊어지고,

모든 길에는 사람 자취 없어졌구나.

외로운 배에 도롱이 입고 삿갓 쓴 늙은이가,

눈 내리는 추운 강에서 호올로 낚시질하네.

| 형식 및 주제 |

1. 형식 : 오언절구.

2. 운자 : 絶, 滅, 雪.

3. 표현 : 대우對偶(기구起句·승구承句)

- 한시에서 많이 쓰이는 대표적인 수사법이다. 5언시에서 대우對偶는 필수가 아니나, '기구起句·승구承句', 혹은 '전구轉句·결구結句'에 사용되기도 한다.

4. 배경 : 눈 내리는 추운 강.

5. 주제 : 눈 덮인 강촌江村의 정경.

| 해설 및 감상 |

우선 느껴지는 것은 쓸쓸하고 삭막한 겨울 풍경이다. 온 산에 새한 마리 날지 않고 길가엔 사람 하나 지나지 않는 겨울이다. 1구와 2구에서는 그렇게 겨울의 풍경을 읊고 있다. 그 다음으로 펼쳐지는 것은 도롱이에 삿갓을 쓴 노인이 홀로 눈 내리는 강에서 배를 타고 낚시질을 하는 모습이다. 쓸쓸함에 고독함을 더해주는 장면이다. 장면 장면들이 그림처럼 아름다우면서도 느껴지는 정조情調가 참으로 고독한 시이다.

江村夜興
강 촌 야 흥

任奎
임 규

月黑烏飛渚요
월 흑 오 비 저

烟沈江自波라
연 침 강 자 파

漁舟何處宿고
어 주 하 처 숙

漠漠一聲歌라
막 막 일 성 가

| 주요 한자 |

渚 저 물가   漠 막 아득하다
烟 연 연기

| 시구 풀이 |

- 月黑 : 구름이나 안개로 달빛이 침침하다는 뜻이다.

- 烏飛渚 : 한시에는 생략이 많은데, 이 구절도 '烏飛於渚'에서 '於'가 생략된 형태로 보면 된다.

- 烟 : 본래 '연기'라는 뜻이지만, 한시에서는 '연기'보다 '안개'를 표현하는 경우가 많다.

- 江自波 : '自'는 '스스로', '저절로'의 뜻이다. 강에 별 이유 없이 물결이 일어난다는 뜻이다.

- 何處宿 : 어느 곳에서 머물 것인가? 의문형.

- 漠漠 : 멀고 아득한 모양을 나타내는 의태어이다.

| 한시 풀이 |

달은 침침한데 까마귀 물가에서 날고,

안개 잠긴 데 강 절로 물결치네.

고깃배 어디에서 머물건고?

아득히 한 자락 노랫소리.

| 형식 및 주제 |

1. 형식 : 오언절구.

2. 운자 : 波, 歌.

3. 배경 : 강 마을의 밤.

   • 시간적 배경은 깊어가는 밤이며, 공간적인 배경은 조그마한 강마을
     이다.

4. 주제 : 강 마을 밤의 흥취.

| 해설 및 감상 |

　시각적인 효과와 청각적인 효과를 멋지게 조화시켜 표현한 작품
이다. 1구에서는 침침한 달빛과 검은 까마귀를 내세워 전체적으로
검고 침침한 분위기를 자아낸다. 2구에 나타나는 자욱한 안개와 그
속에서 부서지는 물결은 뿌옇고 하얀색을 띠고 있다. 그 속에 떠 있
는 고깃배 하나. 그렇게 밤은 깊어가는데 어디선가 아득히 노랫소리
가 한 자락 들려온다. 우리에게는 이 노랫소리마저 침침한 달빛과
자욱한 안개 속에 깔린 하나의 풍경처럼 다가온다.

山居
산 거

李仁老
이 인 로

春去花猶在요
춘 거 화 유 재

天晴谷自陰이라
천 청 곡 자 음

杜鵑啼白晝하니
두 견 제 백 주

始覺卜居深이라
시 각 복 거 심

| 주요 한자 |

猶 유 아직   鵑 견 두견
晴 청 개다, 맑다   啼 제 울다
杜 두 막다   卜 복 점치다

| 시구 풀이 |

• 花猶在 : 꽃이 아직 남아 있다.

• 天晴 : 하늘이 개다. 즉, 날씨가 맑다.

• 谷自陰 : 골짜기는 저절로 그늘진다. 골이 깊어 〈맑은 날인데도〉 응달이라는 말이다.

• 杜鵑 : 두견새.

• 卜居 : 살 만한 곳을 가려서 정하다. 여기서는 작가가 사는 곳을 가리킨다.

| 한시 풀이 |

봄은 갔어도 꽃은 아직 남아 있고,

날씨는 개었어도 골짜기는 저절로 그늘진다.

두견새 한낮에도 우짖으니,

비로소 알겠네, 내 사는 곳 깊은 줄을.

| 형식 및 주제 |

1. 형식 : 오언절구.

2. 운자 : 陰, 深.

3. 표현 : 대우對偶(기구起句·승구承句)

> ┌─ 春去花猶在
> │   ↕
> └─ 天晴谷自陰

4. 배경 : 깊은 산속.

5. 주제 : 깊은 산속에서 맞이하는 늦봄의 정취.

| 해설 및 감상 |

　계절은 여름이 되었지만 봄꽃이 여전히 남아 있고, 밤에만 우는 두견새가 낮에도 운다는 사실을 제시함으로써 화자가 매우 깊은 산속에 은거하고 있음을 선명히 드러낸다. 이인로李仁老가 무인 정권에 의한 혼란을 피해 은거할 수밖에 없는 상황과 깊고 깊은 산중에 복거卜居한 이유 등을 비유적으로 설명하고 있는 작품이기도 하다.

竹里館
죽 리 관

王維
왕 유

獨坐幽篁裏하여　　　　彈琴復長嘯라
독 좌 유 황 리　　　　　탄 금 부 장 소

深林人不知요　　　　　明月來相照라
심 림 인 부 지　　　　　명 월 래 상 조

| 주요 한자 |

幽 유 그윽하다　　　　琴 금 거문고
篁 황 대숲　　　　　　嘯 소 휘파람 불다, 읊조리다
裏 리 속　　　　　　　照 조 비추다
彈 탄 연주하다, 타다

| 시구 풀이 |

• 幽篁裏 : 그윽한 대숲 속.

• 彈琴 : 거문고를 연주하다.

• 復 : 다시.

• 來相照 : 찾아와서 서로 비추다.

| 한시 풀이 |

그윽한 대숲 속에 홀로 앉아서,

거문고 타다가 다시 길게 휘파람 분다.

깊은 숲이라 사람들은 알지 못하고,

밝은 달만 찾아와서 서로 비춘다.

▌형식 및 주제 ▌

1. 형식 : 오언절구.

2. 운자 : 嘯, 照.

3. 배경 : 대숲 속의 별장.

4. 주제 : 속세를 벗어난 대숲 속의 그윽한 정취.

▌해설 및 감상 ▌

'죽리관竹里館'은 왕유王維의 별장으로 깊은 대숲에 있다. 깊고 그윽한 숲속이라 사람들은 '죽리관'이 있는 줄도 모르고, 밤에 밝은 달만 찾아와 비춘다.

絶句
절구

杜甫
두보

江碧鳥逾白이요　　　　山靑花欲然이라
강 벽 조 유 백　　　　　　산 청 화 욕 연

今春看又過하니　　　　何日是歸年고
금 춘 간 우 과　　　　　　하 일 시 귀 년

| 주요 한자 |

碧 벽 푸르다　　　　　　　然 연 불타다
逾 유 더욱　　　　　　　　看 간 보다

| 시구 풀이 |

- 鳥逾白 : 새가 더욱 희다. 색깔의 대비로 물새는 더욱 희게 보인다는 말이다.

- 花欲然 : 꽃이 불타는 듯하다. 然 = 燃(연 불타다)

- 何日 : 어느 날. 여기서는 '언제'의 의미.

| 한시 풀이 |

　강이 푸르니 새 더욱 희고,

　산이 푸르니 꽃은 불타는 듯하구나.

올 봄, 보건대 또 지나가니,

어느 날이 이 돌아갈 해인고?

┃형식 및 주제┃

1. 형식 : 오언절구.

2. 운자 : 然, 年.

3. 표현 : 대우對偶(기구起句·승구承句)

   • 자연인 '江'과 '山', 푸른색인 '碧'과 '靑', 흰색인 '白'과 붉은색을 나타
   내는 '然(불타다)'이 조화를 잘 이루고 있는 대우이다.

4. 배경 : 고향을 떠나 타지에서 맞이하는 어느 봄날.

5. 주제 : 고향을 그리워하는 마음.

┃해설 및 감상┃

푸른 강물에 떠 있는 백조白鳥는 더 희게 보이고 푸른 산속에서
꽃은 불타듯 붉다. 이토록 아름다운 봄이 또 왔건만, 올해 역시 고향
에 돌아가지 못하고 이렇게 봄이 지나가겠구나 생각하는 시인의 안
타까운 마음이 절절하게 스며 있다.

秋日作
추 일 작

鄭澈
정 철

山雨夜鳴竹하고
산 우 야 명 죽

草虫秋近床이라
초 충 추 근 상

流年那可駐오
유 년 나 가 주

白髮不禁長이라
백 발 불 금 장

| 주요 한자 |

那 나 어찌   駐 주 머물다

| 시구 풀이 |

• 鳴竹 : 대숲을 울리다.

• 草虫秋近床 : 풀벌레 가을 되니 침상에 가깝네. 즉 가을이 되니 풀벌레 소리가 침상 가까이까지 들린다는 뜻이다.

• 流年 : 흐르는 세월. '年'은 '세월'의 뜻으로 쓰였다.

• 那可 : 어찌 ~할 수 있겠는가?

• 不禁長 : 길어짐을 금할 수 없다.

| 한시 풀이 |

산속의 빗줄기 밤새 대숲을 울리고,

풀벌레 가을 되니 침상에 가깝네.

흐르는 세월 어찌 멈출 수 있으랴!

흰머리만 길어지는 걸 막을 수 없구나.

┃형식 및 주제┃

1. 형식 : 오언절구.

2. 운자 : 床, 長.

3. 배경 : 비 내리는 산속의 가을.

4. 주제 : 무상한 세월.

┃해설 및 감상┃

바야흐로 계절은 가을인데 산속의 빗줄기는 밤새 대숲을 울리고 풀벌레 소리가 침상까지 올라온다. 새삼 세월이 무상하게 흐르는 것을 계절의 변화와 늘어난 흰머리에서 발견하는 시인의 쓸쓸한 노년이 담담하게 표현된 작품이다.

2. 칠언절구 七言絶句

칠언절구는 한 구句의 자수字數가 7자라는 뜻이며, 절구는 4구로 이루어진 근체시를 말한다. 28자 속에 작자가 나타내고자 하는 시적 심상이 모두 표현된 함축성이 뛰어난 형식이다. 칠언절구를 학습하여 한시의 특성과 한시에 표현된 아름다운 감정을 느껴보도록 한다.

山中答俗人
산 중 답 속 인

李白
이 백

問余何意棲碧山고
문 여 하 의 서 벽 산

笑而不答心自閑이라
소 이 부 답 심 자 한

桃花流水杳然去하니
도 화 유 수 묘 연 거

別有天地非人間이라
별 유 천 지 비 인 간

| 주요 한자 |

棲 서 살다, 깃들다   杳 묘 아득하다
桃 도 복숭아

| 시구 풀이 |

• 笑而不答 : 웃기만 하고 대답하지 않다.

• 杳然去 : 아득히 떠내려간다.

• 非人間 : 인간 세상이 아니다.

┃ 한시 풀이 ┃

나에게 묻네, 무슨 일로 푸른 산에 사느냐고.

웃으며 답하지 않으니 마음은 절로 한가롭더라.

복사꽃 물에 흘러 아득히 흘러가니,

따로 세상이 있으니 인간 세상이 아니네.

┃ 형식 및 주제 ┃

1. 형식 : 칠언절구.

2. 운자 : 山, 閑, 間.

• 7언절구는 1구 및 2구와 4구에 압운押韻을 한다.

3. 배경 : 깊은 산속.

4. 주제 : 산속의 정취.

┃ 해설 및 감상 ┃

왜 산속에 사느냐고 물어도 그저 말 없는 웃음으로 대답을 대신하면 그만이다. 세상의 모든 번민과 고뇌를 자신에게 수렴收斂시키는 화자話者의 관조적觀照的 태도가 돋보인다. 꿈결인 양 아득히 복숭아꽃 떠가는 냇가에 앉아 있으니, 사람 사는 세상이 아니라 마치 별천지別天地 같다. 마치 신선 세상과 같은 자연 속에서 자연과 하나가 되는 감동을 느낄 수 있는 시이다.

磧中作
적 중 작

岑參
잠 삼

走馬西來欲到天하여
주 마 서 래 욕 도 천

辭家見月兩回圓이라
사 가 견 월 양 회 원

今夜不知何處宿이요
금 야 부 지 하 처 숙

平沙萬里絶人煙이라
평 사 만 리 절 인 연

| 주요 한자 |

磧 적 자갈밭, 사막   圓 원 둥글다
辭 사 떠나다   沙 사 사막, 모래

| 시구 풀이 |

- 西來欲到天 : '欲到天西來(하늘에 이르고자 하여 서쪽으로 오다.)'가 도치된 형태이다.

- 辭家 : '辭'는 '작별하고 떠나다'라는 뜻이다.

- 兩回圓 : 두 번 둥글게 되다. 즉, 두 달이 지났다는 뜻이다.

- 今夜不知 : '不知今夜'가 도치된 것이다.

- 何處宿 : 어느 곳에서 잘까? 의문형.

- 平沙萬里 : 평평한 모래사막이 만 리나 펼쳐져 있다.

- 絶人煙 : 글자대로 해석하자면, '사람의 연기가 끊어지다.'이다. '사람의

연기'란 인가에서 나는 밥 짓는 연기라는 뜻으로 결국 사람의 자취를 의미한다.

| 한시 풀이 |

말 달려 서쪽으로 하늘 끝까지 이르고자 하여,

집 떠나 두 번이나 둥근달을 보았네.

오늘 밤 어디서 묵을지 알지 못하겠는데,

가없는 모래사막에 인적이 끊어졌네.

| 형식 및 주제 |

1. 형식 : 칠언절구.

2. 운자 : 天, 圓, 煙.

3. 배경 : 여행 중인 사막.

4. 주제 : 집을 떠나 여행 중인 나그네의 회포.

| 해설 및 감상 |

대체로 고향을 떠난 나그네는 고향을 그리워하고 여행의 어려움을 토로하는 것이 대부분이다. 그런데 이 시의 작자는 서쪽으로 하늘 끝 보이는 곳까지 말을 달려가려는 원대한 뜻을 품고 있다. 사람의 자취도 끊어진 막막한 사막을 여행하는 사나이의 기개가 드러난 작품이다.

渭城曲
위 성 곡

王維
황 유

渭城朝雨浥輕塵하니
위 성 조 우 읍 경 진

客舍青青柳色新이라
객 사 청 청 류 색 신

勸君更盡一杯酒하니
권 군 갱 진 일 배 주

西出陽關無故人이라
서 출 양 관 무 고 인

| 주요 한자 |

渭 위 물 이름   塵 진 먼지
浥 읍 젖다   杯 배 술잔
輕 경 가볍다   關 관 문, 잠그다

| 시구 풀이 |

- 渭城曲 : 제목이 '송원이사안서送元二使安西'로 되어 있는 본도 있다.

- 渭城 : 지명.

- 浥輕塵 : 가벼운 먼지〔輕塵〕를 적시다. 비가 조금 왔음을 의미한다.

- 客舍 : 나그네가 머무는 집.

- 柳色新 : 버들 빛이 새롭다. 즉 버들에 새순이 돋는다는 말이다.

- 勸君更盡一杯酒 : '勸君'은 '그대에게 권한다', '更盡'은 '다시 다하다', 여기서 '다하다'는 '다 마시다'의 의미이다. 즉 '그대에게 권하노니 한 잔 술을 다시 다 마셔라.'라는 뜻이다.

- 陽關 : 한漢나라 이후 중국에서 서역西域으로 통하는 가장 서쪽에 위치한 관문이었다.

- 故人 : 친구.

| 한시 풀이 |

위성渭城의 아침 비 가벼운 티끌을 적시니,

객사客舍의 푸르고 푸른 버들 빛 새로워라.

그대에게 권하노니 한 잔 술을 다시 다 마시게나,

서쪽 양관陽關으로 나서면 친구가 없다네.

| 형식 및 주제 |

1. 시의 형식 : 칠언절구.

2. 운자 : 塵, 新, 人.

3. 배경 : 아침 비 내리는 위성渭城.

4. 주제 : 석별의 정.

| 해설 및 감상 |

당唐나라 서쪽 변경의 안서安西로 떠나가는 친구를 위해 지은 송별시送別詩이다. 아쉬운 작별作別의 정과 두터운 우정友情이 잘 담겨 있다.

送人
송 인

鄭知常
정 지 상

雨歇長堤草色多_{한대}
우 헐 장 제 초 색 다

送君南浦動悲歌_라
송 군 남 포 동 비 가

大同江水何時盡_고
대 동 강 수 하 시 진

別淚年年添綠波_라
별 루 연 년 첨 록 파

| 주요 한자 |

歇 헐 쉬다, 값싸다　　　　動 동 움직이다, 걸핏하면
堤 제 둑, 언덕　　　　　　　淚 루 눈물
浦 포 물가　　　　　　　　　添 첨 보태다

| 시구 풀이 |

• 送人 : 사람을 보내다. 제목을 '대동강大同江'이라고 한 본本도 있다.

• 草色多 : 풀색이 많다는 것은 '풀이 파릇파릇 꽤 돋았다.'는 것을 말한다.

• 送君南浦 : 남포에서 임을 보내다. 간혹 '남포로 임을 보내다.'라고 하는 경우가 있으나 옳지 않다. 남포는 진남포鎭南浦라는 설도 있다.

• 動悲歌 : '動'은 울컥 치밀어 오르는 것을 형상화한 말이다. '悲歌'는 슬픈 노래라기보다는 슬픈 울음을 시적으로 표현한 단어로 보아야 한다. 즉 '動悲歌'는 슬픔이 치밀어 오른다는 뜻이다. 그러나 '動'을 '걸핏하면'이라는 뜻으로 보고 '걸핏하면 슬픈 노래일레라.'라고 풀이해야 한다는

설도 있다.

- **何時盡** : 어느 때나 마를꼬? 여기서 '盡'은 '다 마르다'의 의미이다.
- **添綠波** : 푸른 물결에 보태지다. 원래 '綠'이 '作'으로 되어 있었으나, 이 제현李齊賢이 '綠'으로 고쳤다고 한다.

┃ 한시 풀이 ┃

비 개인 긴 강둑에 풀빛이 짙은데,
임 보내는 남포南浦엔 슬픈 노래 북받치네.
대동강大同江 물은 어느 때 마를꼬?
이별의 눈물 해마다 푸른 물결에 보태지는 걸.

┃ 형식 및 주제 ┃

1. 형식 : 칠언절구.
2. 운자 : 多, 歌, 波.
3. 배경 : 이별하는 대동강의 남포南浦.
4. 주제 : 이별의 정한情恨.

┃ 해설 및 감상 ┃

다정한 이를 떠나보내는 서러운 마음을 노래한 시로, 이별의 눈물이 푸른 물결에 뿌려져 강물이 마르지 않는다는 과장법을 써서 한없는 정회情懷를 잘 담아냈다. 특히 이 시의 과장법은 전구轉句의 반어법反語法, 전구와 결구結句의 도치법倒置法과 함께 매우 특징적인 수사법이라고 할 수 있다.

夢魂
몽 혼

李玉峰
이 옥 봉

近來安否間如何오
근 래 안 부 문 여 하

月到紗窓妾恨多라
월 도 사 창 첩 한 다

若使夢魂行有跡이면
약 사 몽 혼 행 유 적

門前石路半成沙리라
문 전 석 로 반 성 사

| 주요 한자 |

紗 사 깁   魂 혼 넋
妾 첩 첩   跡 적 자취

| 시구 풀이 |

- 近來安否間如何 : '間近來安否如何'가 도치된 문장이다.

- 妾 : 여성이 자신을 낮추어 일컫는 말이다.

- 若使 : 만약 ~로 하여금 ~하게 한다면. 가정형+사동형.

- 半成沙 : 반은 모래가 되다. 밟아서 돌이 모래가 될 정도로 많이 찾아갔
다는 의미이다.

| 한시 풀이 |

요사이 안부를 묻노니, 어떻게 지내시는지요?

달이 사창紗窓에 이를 때면 저의 한은 깊어지곤 한답니다.

만약 꿈길의 걸음에 자취가 생긴다면,

문 앞의 돌길 반쯤은 모래가 되었을 겁니다.

| 형식 및 주제 |

1. 형식 : 칠언절구.

2. 운자 : 何, 多, 沙.

3. 표현 : 비유譬喩와 과장誇張.

   • 비유 : 이 시에서는 달〔月〕을 그리운 임으로, 비단 창〔紗窓〕을 자신
   으로 비유하고 있다.

   • 과장 : 결구에서 대표적으로 쓰인 수사는 과장법이다. "門前石路半
   成沙(문 앞의 돌길 반쯤은 모래가 되었을 겁니다.)"는 표현은 임에 대한
   그리움이 얼마나 크며, 임을 만나보고 싶은 마음이 어느 정도인지
   를 잘 드러내는 구절이다.

4. 배경 : 조선시대.

5. 주제 : 임을 그리는 여인의 심정.

| 해설 및 감상 |

늘 궁금하고 걱정스러운 것은 임의 안부이다. 달이 비단 창에 비
치니 임을 그리는 마음 더욱 깊어지고, 그리움은 한으로 변할 정도
이다. 꿈속에서나마 임을 만날 수만 있다면, 임을 만나러 다니느라
문 앞에 있는 돌길이 다 닳아 모래가 되었으리라는 표현으로 그리움
과 한스러움을 나타내고 있다.

題芋江驛亭
제 우 강 역 정

崔致遠
최 치 원

沙汀立馬待回舟러니　一帶煙波萬古愁라
사 정 입 마 대 회 주　　　일 대 연 파 만 고 수

直得山平兼水渴이면　人間離別始應休라
직 득 산 평 겸 수 갈　　　인 간 이 별 시 응 휴

| 주요 한자 |

汀 정 물가　　　　　兼 겸 겸하다
帶 대 띠　　　　　　渴 갈 마르다
愁 수 근심　　　　　休 휴 그치다

| 시구 풀이 |

- 沙汀 : 물가의 모래사장.

- 立馬 : 말을 세우다.

- 待回舟 : 돌아오는 배를 기다리다.

- 煙波 : 안개 물결. 한시에서 '煙'은 '안개'로 풀이할 때가 많다.

- 萬古愁 : 만고의 근심. '萬古'는 '오랜 세월'을 뜻한다.

- 直得 : 다만 ~할 수 있다면 '直'은 '다만', '得'은 '~할 수 있다'의 뜻이다.

- 山平兼水渴 : 산이 평평해지고 물이 마르다. '兼'은 '그리고' 정도의 뜻이다.

- 人間 : '세상'을 뜻한다. '弘益人間'의 '人間'과 같은 뜻이다.
- 始應休 : 비로소 응당 그칠 것이다. '應'은 '응당(아마도) ~일 것이다.'라는 미래의 예상을 나타낸다.

│ 한시 풀이 │

모래 기슭에 말 멈추고 돌아오는 배를 기다리니,
한 줄기 안개 물결 만고萬古의 근심일세.
다만 산이 평평해지고 물이 말라야만,
인간 세상에서의 이별, 그제야 없어지리라.

│ 형식 및 주제 │

1. 형식 : 칠언절구.
2. 운자 : 舟, 愁, 休.
3. 배경 : 우강역芋江驛 정자에서 배를 기다리며.
4. 주제 : 인간 세상의 이별을 슬퍼함.

│ 해설 및 감상 │

최치원崔致遠은 신라가 기울어지는 즈음에 살았던 탓에 그의 작품에는 시대를 아파하고 나라를 근심하는 내용이 많이 발견된다. 이 시는 최치원이 '우강역芋江驛' 정자에서 배를 기다리다가 먼 산과 물결을 보며 세상과 인간의 아픔을 그려낸 작품이다. 한 줄기 안개는 만고의 근심을 일으키고, 배가 뜨는 물결이며, 물 건너 산을 보면서 인간의 이별을 느끼는 것이다.

途中憶癸娘
도 중 억 계 랑

劉希慶
유 희 경

一別佳人隔楚雲하니
일 별 가 인 격 초 운

客中心緒轉紛紛이라
객 중 심 서 전 분 분

青鳥不來音信斷이니
청 조 불 래 음 신 단

碧梧涼雨不堪聞이라
벽 오 양 우 불 감 문

| 주요 한자 |

途 도 길
娘 랑 아가씨
隔 격 떨어지다
楚 초 초나라
緖 서 실마리, 마음

轉 전 구르다, 점점
紛 분 흩어지다
斷 단 끊어지다
梧 오 오동나무
堪 감 견디다

| 시구 풀이 |

• 癸娘 : 조선 선조 때의 여류 시인. 호는 매창梅窓.

• 佳人 : 미인. 여기서는 '계랑'을 가리킨다.

• 楚雲 : 초나라 구름. 멀리 떨어져 있다는 시적 표현.

• 轉紛紛 : 점점 어지러워짐.

• 青鳥 : 파랑새. 전설에 의하면 청조青鳥는 서왕모西王母가 기르던 세 마리의 새를 가리킨다. 한번은 한 무제漢武帝가 궁궐 뜰에 있는데 서쪽에서 파랑새 한 마리가 날아왔다. 곁에 있던 동방삭東方朔이 "이는 서왕모

가 오겠다는 뜻입니다."라고 했는데, 잠시 후 과연 서왕모가 왔고, 두
마리의 파랑새는 서왕모를 곁에서 모시고 있었다. 이후로 청조靑鳥는
'소식을 전하는 심부름꾼'의 뜻으로 쓰인다.

| 한시 풀이 |

한번 가인佳人과 헤어져 아득히 멀어지니,
나그네 심사는 갈수록 어지럽기만 하네.
파랑새도 아니 오고 소식조차 끊어지니,
벽오동에 처량한 빗소리 차마 못 듣겠네.

| 형식 및 주제 |

1. 형식 : 칠언절구.
2. 운자 : 雲, 紛, 聞.
3. 배경 : 임과 헤어진 뒤 오동잎에 떨어지는 빗방울 소리 들으며.
4. 주제 : 이별의 아픔과 임에 대한 그리움.

| 해설 및 감상 |

유희경은 조선 선조 때의 학자이자 시인이며, '계랑癸娘'은 흔히
'매창梅窓'이라는 호로 더 알려진 부안의 기생이자 시인이다. 이 시는
유희경이 매창과 헤어진 뒤 그녀를 그리워하는 정을 담은 연시戀詩
이다. 반가운 소식을 전한다는 파랑새도 날아오지 않고 소식도 끊어
져, 오동잎에 빗방울 떨어지는 소리를 차마 못 듣겠다는 말로 애절
한 그리움과 외로움을 토로하고 있다.

3. 오언율시五言律詩

각구의 글자가 5자이며 8구로 이루어진 근체시를 '오언율시'라고 하고 줄여서 '오율五律'이라 칭하기도 한다. 짝수 구에 각운脚韻이 있어야 하고, 정해진 평측平仄에 부합되어야 하는 작시作詩가 까다로운 형식의 시이다.

花石亭
화 석 정

李珥
이 이

林亭秋已晚한대
임 정 추 이 만

騷客意無窮이라
소 객 의 무 궁

遠水連天碧이요
원 수 연 천 벽

霜楓向日紅이라
상 풍 향 일 홍

山吐孤輪月이요
산 토 고 윤 월

江含萬里風이라
강 함 만 리 풍

塞鴻何處去오
새 홍 하 처 거

聲斷暮雲中이라
성 단 모 운 중

| 주요 한자 |

騷 소 시끄럽다   含 함 머금다
吐 토 토하다   鴻 홍 기러기
輪 륜 바퀴   塞 새·색 변방, 막히다

| 시구 풀이 |

- 秋已晩 : 가을이 이미 깊다.

- 騷客 : 시인. '騷'는 시부詩賦의 뜻이 있다.

- 輪月 : 바퀴처럼 둥근달.

- 萬里風 : 멀리에서 불어오는 바람.

| 한시 풀이 |

숲 정자에 가을 이미 깊은데,

시인의 생각 끝이 없어라.

멀리 강물은 하늘에 이어져 푸르고,

서리 맞은 잎새는 햇빛 받아 붉구나.

산은 외로운 둥근달을 토해내고,

강은 멀리서 불어오는 바람을 머금었네.

변방의 기러기야 어디로 가느냐?

기러기 울음소리 저녁 구름 속으로 사라지네.

| 형식 및 주제 |

1. 형식 : 오언율시.

2. 운자 : 窮, 紅, 風, 中.

3. 표현 : 대우對偶(함련領聯·경련頸聯)

```
┌─  遠水  連天碧   山吐  孤輪月
│       ↕     ↕     ↕      ↕
└─  霜楓  向日紅   江含  萬里風
```

4. 배경 : 늦가을 임진강변의 화석정花石亭.

5. 주제 : 늦가을의 정취.

| 해설 및 감상 |

임진강변 언덕 위에 화석정花石亭이라는 정자가 서 있다. 이곳은 율곡栗谷 이이李珥가 소요逍遙하며, 후세를 교육한 유서 깊은 곳이다.

숲 속 정자에 가을은 깊어가고 시인의 마음은 아득하다. 저 멀리 보이는 임진강 물은 하늘에 맞닿아 푸르고 저녁 햇빛에 단풍은 더욱 붉기만 하다. 어스름에 산 위로는 둥근달이 솟아오르고 바람은 강물 속으로 스민다. 철따라 날아온 새 한 마리도 저녁 구름 속으로 사라진다. 늦가을의 정취가 물씬 풍기는 이 아름다운 시는 율곡이 7세 (혹은 9세) 때 지은 것이라고 한다.

浮碧樓
부 벽 루

李穡
이 색

昨過永明寺라가
작 과 영 명 사

暫登浮碧樓라
잠 등 부 벽 루

城空月一片이요
성 공 월 일 편

石老雲千秋라
석 로 운 천 추

麟馬去不返한대
인 마 거 불 반

天孫何處遊오
천 손 하 처 유

長嘯倚風磴하니
장 소 의 풍 등

山靑江自流라
산 청 강 자 류

| 주요 한자 |

暫 잠 잠깐
麟 린 기린
返 반 돌이키다

嘯 소 휘파람
磴 등 섬돌

| 시구 풀이 |

- 過 : 방문하다.

- 永明寺 : 평양에 있는 사찰.

- 浮碧樓 : 평양에 있는 누각으로 영명사 남쪽에 있다. 푸른 물(대동강)에 떠 있는 누각이라는 뜻이다.

- 城空 : '평양성이 텅 비었다.'는 말로, 밤이어서 사람 자취가 없음을 의미한다고도 할 수 있으나, 옛 고구려의 도읍지인데 지금은 그러한 영화榮華가 사라졌다는 것을 말한 것으로 보는 것이 좋다.

- 月一片 : 달만 한 조각 떠 있다는 말이다.

- 石老 : 오래된 바위. '石'은 '朝天石'을 말한다. 동명성왕이 인마麟馬를 타고 이 돌을 디딤돌로 삼아 하늘로 조회〔朝天〕 갔다고 전한다.

- 雲千秋 : 천 년의 구름. 바위나 구름은 변치 않아서 예전의 모습을 그대로 간직하고 있는데, 사람은 그렇지 않다는 뜻을 내포하고 있다.

- 麟馬 : 동명성왕東明聖王(朱蒙)이 타고 하늘로 올라갔다는 말이다.

- 天孫 : 동명성왕東明聖王을 가리킨다.

- 嘯 : '휘파람'의 뜻이나, 여기서는 시를 '읊조린다'는 뜻으로 쓰였다.

- 風磴 : 돌난간(혹은 섬돌). 돌난간에 기대서서 시를 길게 읊조리고 있다는 말이다.

- 山靑江自流 : 산은 푸르고 강은 절로 흐른다. 작자는 예전 고구려를 생각하며 인간사의 무상함에 젖어 있는데, 산과 강은 그것을 아는지 모르는지 무심하기만 하다는 의미이다.

| 한시 풀이 |

어제 영명사永明寺에 들렀다가,

잠시 부벽루浮碧樓에 올랐어라.

빈 성에 한 조각 달이요,

오래된 바위에 천 년의 구름이라.

기린마麒麟馬는 가고 돌아오지 않는데,

천손天孫은 어느 곳에 노니는가?

길게 휘파람 불며 돌난간에 기대서니,

산은 푸르고 강은 절로 흐르네.

| 형식 및 주제 |

1. 형식 : 오언율시.

   • 오언율시는 오언절구와 마찬가지로 2자·3자로 끊어 읽고 해석하면 쉽게 풀이된다.

2. 운자 : 樓, 秋, 遊, 流.

3. 배경 : 평양 영명사永明寺의 부벽루浮碧樓.

4. 주제 : 옛 역사를 회고하며 인생무상을 노래함.

| 해설 및 감상 |

고구려의 도읍지 평양의 부벽루浮碧樓에 올라 강성했던 고구려의 위용이 사라진 것을 애석해하는 마음을 담았다. 고구려 시조인 동명성왕東明聖王의 전설을 상기하며 역사와 인생의 무상無常을 노래하고 있다.

4. 칠언율시七言律詩

율시律詩는 8개 구절로 이루어져 있어, 4구인 절구絶句에 비해 시인의 감정을 훨씬 자세하고 곡진하게 표현해낼 수 있다. 칠언율시는 1, 2, 4, 6, 8구에 각운을 다는 것이 원칙이며 함련과 경련을 대우로 안배按排한다. 칠언율시의 대표적인 시라 할 수 있는 두보杜甫의 〈등고登高〉와 김시습金時習의 〈사청사우乍晴乍雨〉를 통해 한시의 묘미를 맛보도록 한다.

登高
등 고

杜甫
두 보

風急天高猿嘯哀한대
풍 급 천 고 원 소 애

渚淸沙白鳥飛廻라
저 청 사 백 조 비 회

無邊落木蕭蕭下에
무 변 낙 목 소 소 하

不盡長江滾滾來라
부 진 장 강 곤 곤 래

萬里悲秋常作客하여
만 리 비 추 상 작 객

百年多病獨登臺라
백 년 다 병 독 등 대

艱難苦恨繁霜鬢한대
간 난 고 한 번 상 빈

潦倒新停濁酒杯라
요 도 신 정 탁 주 배

| 주요 한자 |

急	급	급하다	臺	대	대
猿	원	원숭이	艱	간	어렵다
嘯	소	휘파람	難	난	어렵다
渚	저	물가	繁	번	번성하다
廻	회	돌다	鬢	빈	살쩍
邊	변	가	潦	료	큰비
蕭	소	쓸쓸하다	倒	도	넘어지다
滾	곤	흐르다	杯	배	잔

| 시구 풀이 |

- 風急天高 : 바람은 급하고(세고) 하늘은 높다. 가을이 깊어감을 표현한 말이다.

- 猿嘯哀 : 원숭이 울음 슬프다. 한시에는 원숭이가 자주 등장하는데, 주로 쓸쓸한 정서를 나타내는 경우가 많다. '嘯'는 소리를 길게 끌며 우는 것을 말한다.

- 渚淸沙白 : 물은 맑고 모래는 희다. 제1구의 '風急天高'와 대우를 이루는 부분이다.

- 鳥飛廻 : 새는 날아 돌아온다. 무심히 날아 제 곳으로 돌아오는 가을 철새를 보며 고향을 떠나 타향에서 떠도는 자신의 신세를 한탄하고 있다.

- 無邊落木 : 가없는 낙엽. 즉, 낙엽이 빈 곳 없이 여기저기 떨어진 것을 말한다.

- 蕭蕭下 : 우수수 떨어지다. '蕭蕭'는 무엇이 우수수 떨어지는 모양을 나타내는 의태어擬態語이다. 또는 '쓸쓸하다'는 뜻도 가지고 있다.

- 不盡長江 : 다함이 없는 긴 강. 시인은 끊임없이 흐르는 장강長江을 세월의 흐름에 비유하고 있다.

- 滾滾 : 끊임없이 흐르는 모양을 나타내는 의태어이다.

- 萬里悲秋 : 만리타향에서 가을을 슬퍼하다. 한시에서 '萬里'는 대개 고향을 뜻할 때가 많다.

- 常作客 : 항상 나그네가 되다. '作'은 '爲' 정도의 뜻이다.

- 百年多病 : 한평생 병이 많다. '百年'은 '평생平生'을 나타낸다.

- 艱難苦恨 : 온갖 고생. 괴로운 한. '艱難'은 고생을 많이 한다는 말인데, 우리말 '가난'은 여기서 나왔다.

- 繁霜鬢 : 서리 같은 귀밑머리가 많아지다. '霜鬢'은 서리처럼 하얀 귀밑머리를 가리킨다.

- 潦倒 : 노쇠한 모양이다.

- 新停 : 요즘 그만두다.

| 한시 풀이 |

바람 세고 하늘 높으며 원숭이 울음 슬픈데,
물 맑고 모래 흰데 물새 날아 도네.
가없이 나뭇잎 우수수 지는데,
끝없는 장강長江은 넘실넘실 밀려오네.
만리타향 슬픈 가을에 항상 나그네 되어,
한평생 병 많은 나는 호올로 누대에 올랐노라.
온갖 고생 괴로운 한에 흰머리만 많아졌고,
늙고 쇠약해져 이제는 술까지 끊었네.

| 형식 및 주제 |

1. 형식 : 칠언율시.

2. 운자 : 哀, 廻, 來, 臺, 杯.

3. 배경 : 중양절重陽節 기주夔州의 누대.

   • 두보가 56세 되던 해 중양절重陽節(음력 9월 9일)에 높은 대에 올라 지은 시로 알려져 있다.

4. 주제 : 객지에서 가을을 맞이하는 쓸쓸한 마음.

| 해설 및 감상 |

이 시는 두보杜甫가 늘그막에 타지他地에서 지은 시다. 가을바람이 거세게 불어 낙엽이 가없이 떨어지고 멀리서 원숭이의 슬픈 울음소리 들려오는데, 강물은 세월처럼 끊임없이 흘러가기만 한다.

평생 괴롭고 외로운 타향살이 나그네로 떠돌다가 늙고 병들어, 좋아하던 술조차 끊고 홀로 높은 대臺에 올라, 흐르는 세월 늘어가는 흰머리를 서글퍼하는 시인의 쓸쓸한 정조情調가 잘 드러난 작품이다. 두보의 시 가운데 노경老境의 쓸쓸한 정서情緒가 가장 짙게 나타난 작품으로 명明나라의 호응린胡應麟은 고금의 칠율七律 중 제일이라 평했다.

乍晴乍雨
사 청 사 우

金時習
김 시 습

乍晴還雨雨還晴하니
사 청 환 우 우 환 청

天道猶然況世情가
천 도 유 연 황 세 정

譽我便是還毀我하고
예 아 변 시 환 훼 아

逃名却自爲求名이라
도 명 각 자 위 구 명

花開花謝春何管고
화 개 화 사 춘 하 관

雲去雲來山不爭이라
운 거 운 래 산 부 쟁

寄語世人須記認하라
기 어 세 인 수 기 인

取歡無處得平生이라
취 환 무 처 득 평 생

| 주요 한자 |

乍 사 잠깐

逃 도 달아나다

譽 예 기리다

却 각 도리어

毀 훼 헐다

寄 기 부치다, 주다

| 시구 풀이 |

- 還 : 도로, 다시. 부사로 쓰였다.

- 天道 : 하늘의 도, 하늘의 이치.

- 猶然 : 오히려 그러하다.

- 況 : 하물며 ~일까 보냐! 감탄부사.

- 便是 : '便'은 '문득, 바로'라는 뜻으로 '변'이라 읽는다. '便是'는 '다름 아 닌 바로 그'의 뜻이다.

- 却 : 도리어.

- 求名 : 명예를 구하다.

- 花謝 : 꽃이 지다. '謝'는 '물러나다', '시들다'는 뜻이 있다.

- 春何管 : 봄이 무슨 상관하랴? 여기서 봄은 움직이지 않는 자연의 법칙, 또는 시인 자신을 뜻한다고 볼 수 있으며, 꽃은 공명功名을 찾아 이리저 리 헤매는 사람들이라 볼 수 있다.

- 雲去雲來山不爭 : 여기서 '구름'은 부귀공명을 좇아 헤매는 사람을, '산' 은 자연의 법칙 또는 시인 자신을 뜻한다.

- 寄語 : 말을 전하다.

- 須記認 : 모름지기 기억해두라.

- 取歡無處 : 즐거움을 취할 곳이 아무 곳에도 없다.

┃한시 풀이┃

잠시 개었다 비 내리는가 하면 다시 개이니,

하늘의 도道도 이러한데 하물며 세상의 인심人心임에랴!

나를 기리던 이 문득 헐뜯고,

명예를 피하던 이 공명功名 찾아 헤매이네.

꽃이야 피든 지든 봄이야 무슨 상관,

구름이 오고 가도 산이야 다툴 리가.

세상 사람들아 모름지기 알아두소.

평생 두고 누릴 기쁨 어디에 있겠는가.

│ 형식 및 주제 │

1. 형식 : 칠언율시.

2. 운자 : 晴, 情, 名, 爭, 生.

3. 배경 : 비가 오락가락하는 날.

4. 주제 : 부귀공명을 쫓는 것의 허망함을 노래함.

│ 해설 및 감상 │

　잠시 비가 개더니 다시 비가 내리고, 비가 내리는가 싶은데 다시
날이 갠다. 이런 날씨의 변덕스러움을 무시로 변하는 인심人心에 비
유한 시다. 한편으로는 평소에는 고고한 척하다가 권력과 명예를 좇
아 이리저리 떠도는 당시의 지식인들을 통렬하게 비판하고 있다.

　평생을 방외인方外人으로 살 수 밖에 없었던 불우한 시인 매월당梅
月堂 김시습金時習의 의식과 고통이 잘 드러난 시라 하겠다.

5. 고시古詩와 악부樂府

고시古詩는 근체시近體詩에 대척적인 의미로 당唐나라 이전에 확립된 시체詩體이다. 근체시에 비하여 평측平仄이나 운자韻字가 그다지 까다롭지 않은 시다.

악부樂府는 음악을 관장하던 관청의 명칭에서 유래한 장단구가 있는 노래가사이다. 고시에 비해 민중적 정조나 서사성이 두드러진다.

飲酒
음주

陶淵明
도 연 명

結廬在人境이나　　　　而無車馬喧이라
결 려 재 인 경　　　　　이 무 거 마 훤

問君何能爾오　　　　　心遠地自偏이라
문 군 하 능 이　　　　　심 원 지 자 편

採菊東籬下하고　　　　悠然見南山이라
채 국 동 리 하　　　　　유 연 견 남 산

山氣日夕佳요　　　　　飛鳥相與還이라
산 기 일 석 가　　　　　비 조 상 여 환

此中有眞意하니　　　　欲辯已忘言이라
차 중 유 진 의　　　　　욕 변 이 망 언

| 주요 한자 |

廬 려 오두막집, 주막, 농막 籬 리 울타리
喧 훤 시끄럽다   悠 유 멀다, 한가하다
偏 편 치우치다   佳 가 아름답다
採 채 뜯다   辯 변 말하다, 다투다

| 시구 풀이 |

- 廬 : 자기 집을 겸손히 표현한 것이다.

- 在人境 : 산림山林에 숨어 있지 않고 사람들 틈에 있다.

- 何能爾 : 어찌 그럴 수 있는가? '爾'는 '然'과 같다.

- 地自偏 : 살고 있는 곳이 저절로 편벽偏僻된 곳이 된다.

- 悠然 : 한가하고 그윽한 상태.

- 此中有眞意 : 이러한 자연의 풍경 속에 참다운 진리가 있다.

- 欲辯 : 말로 표현하고자 하다.

- 忘言 : 말을 잊다.

| 한시 풀이 |

초가草家 짓고 인가人家 근방에 살아도,

거마車馬의 시끄러움 없구나.

그대에게 묻노니, 어떻게 그럴 수 있는가?

마음이 속세를 멀리하면 사는 곳이 절로 외진 곳이 된다오.

동쪽 울 밑에 핀 국화를 따고,

한가로이 남산을 바라본다.

산 기운은 저녁에 아름답고,

날던 새들 무리 지어 돌아온다.

이 사이 자연의 진리가 있으니,

말하려고 해도 이미 말을 잊는다.

| 형식 및 주제 |

1. 형식 : 오언고시.

2. 배경 : 국화 핀 어느 가을날의 해 질 녘.

3. 주제 : 세상을 피해 사는 달관의 경지.

| 해설 및 감상 |

집은 사람 사는 동네에 있으나 세상의 부귀공명富貴功名에 대하여 이미 마음을 비우니 거마車馬의 소리도 들리지 않는다. 그저 아무 생각 없이 동쪽 울타리 밑에 핀 국화를 따다가 물끄러미 남산을 바라보는 시인의 눈빛에는 달관의 평화만이 깃들 뿐이다.

저무는 석양을 뒤로 하고 짝 지어 돌아오는 새들의 모습을 보며 무언가 가슴에 벅찬 감정이 가득하나, 굳이 말로 표현하기도 어렵고 표현할 필요도 느끼지 않는, 무위無爲의 상태를 나타낸다 하겠다.

子夜吳歌
자 야 오 가

李白
이 백

長安一片月_{이요}
장 안 일 편 월

萬戶擣衣聲_{이라}
만 호 도 의 성

秋風吹不盡_{하여}
추 풍 취 부 진

總是玉關情_{이라}
총 시 옥 관 정

何日平胡虜_{하여}
하 일 평 호 로

良人罷遠征_고
양 인 파 원 정

| 주요 한자 |

擣 도 다듬이질
總 총 모두
關 관 관문, 잠그다

虜 로 오랑캐
罷 파 그만두다, 그치다

| 시구 풀이 |

• 長安 : 당시 당唐나라의 수도이다.

• 萬戶 : 만 가구. 즉, 모든 집을 말한다. 실제로 당시 장안에는 만 호 정도의 가구가 살았다고 한다.

• 擣衣聲 : 다듬이질하는 소리.

• 秋風吹不盡 : 가을바람 부는 것이 다하지 않는다. 즉, 가을바람이 끝없이 분다.

- **總是** : 모두 다. '是'는 강조의 뜻으로 쓰였다.

- **玉關情** : 옥문관玉門關에 출정 나간 남편을 그리워하는 정이다. '玉關'은 옥문관을 말한다. 옥문관은 돈황敦煌 인근에 있으며, 서역으로 가는 관문이다.

- **平胡虜** : 오랑캐를 평정하다. '胡虜'는 북쪽 오랑캐의 이름이다. 우리 욕 가운데 '호로 자식'이라고 하는 호로가 바로 이 호로이다.

- **良人** : '남편', '예쁘고 착한 아내', '선량한 사람' 등의 뜻이 있는데, 여기 서는 '남편'을 뜻한다.

- **罷遠征** : 원정을 끝내다.

| 한시 풀이 |

장안長安에는 한 조각 달,

집집마다 다듬이질 소리.

가을바람 끝없이 불어,

온통 옥관玉關을 생각하게 하네.

어느 날에야 오랑캐를 평정하고,

낭군은 원정을 끝내려나.

| 형식 및 주제 |

1. 형식 : 오언고시.

2. 배경 : 전란 중 장안長安의 가을 밤.

3. 주제 : 남편을 기다리는 아내의 정.

| 해설 및 감상 |

　당나라 시대의 고시古詩로는 가장 유명한 것이 바로 이 〈자야오가
子夜吳歌〉이다. 이 시는 이백의 〈자야사시가子夜四時歌〉 중 '추가秋歌(가
을 노래)'이다.

　하늘에 떠 있는 한 조각 달이며, 집집마다 다듬이질하는 소리, 그
리고 끊임없이 불어오는 가을바람 소리……. 이 모두가 출정 나간
남편을 걱정하는 여인의 마음을 대변해주고 있다. 어서 출정을 끝내
고 남편이 무사히 집으로 돌아오기를 기원하는 여인의 심정을 잘 나
타낸 시이다.

鄭瓜亭
정 과 정

李齊賢
이 제 현

憶君無日不霑衣하니
억 군 무 일 부 점 의

政似春山蜀子規라
정 사 춘 산 촉 자 규

爲是爲非人莫問하라
위 시 위 비 인 막 문

只應殘月曉星知로다
지 응 잔 월 효 성 지

| 주요 한자 |

瓜 과 오이   蜀 촉 촉나라
霑 점 젖다   殘 잔 해치다, 남다

| 시구 풀이 |

- 憶君 : 임을 그리워하다. 여기서 임[君]은 임금을 말한다.

- 無日不霑衣 : 옷을 적시지 않는 날이 없다. '無~不', 즉 '~아님이 없다' 는 이중부정을 통해 강조하고 있다.

- 政 : 바로. '正'과 같은 뜻의 부사로 쓰였다.

- 蜀子規 : 두견새 또는 접동새라고도 한다. 다른 이름으로는 촉화혼蜀化 魂, 귀촉도歸蜀道, 불여귀不如歸라고도 한다.

- 爲是爲非 : 옳으냐, 그르냐.

- 只應殘月曉星知 : 다만 응당 새벽달과 새벽별만이 알리라. 殘月曉星은 '새벽녘의 달과 별'. 밤 사이 있었던 일을 새벽달과 별이 지켜보았으니

'나의 잘못 없음'을 이들만은 알고 있으리라는 말. 殘月曉星은 天地神明 (천지신명)과 같은 의미로 사용된다.

| 한시 풀이 |

임 생각에 옷을 적시지 않는 날 없으니,
바로 봄 산의 두견새 같도다.
옳고 그름을 사람들아 묻지 말아라.
다만 응당 새벽달과 새벽별만이 알리라.

| 형식 및 주제 |

1. 형식 : 악부樂府(소악부小樂府).

• 소악부는 중국의 악부에 대하여 고려시대 익재益齋 이제현李齊賢이 당시의 고려가요高麗歌謠 등을 모아 한역漢譯한 것이다. 우리 문자가 없던 시절, 시가詩歌에 나타난 우리 선조들의 정서를 엿볼 수 있는 소중한 자료이다.

2. 배경 : 유배지.

3. 주제 : 임금을 그리워하는 마음.

| 해설 및 감상 |

죄 없이 모함을 받아 멀리 귀양 간 이가 임금을 간절히 그리워하 며 자신의 결백과 억울함을 호소하는 내용이다. 날마다 눈물로 옷을 적시는 자신의 마음을 밤새워 우는 두견새에 비유하고 있다. 또한 거 짓 없는 새벽달과 새벽별을 내세워 자신의 결백함을 호소하고 있다. 원작 〈정과정곡鄭瓜亭曲〉의 내용을 한시의 압축미로 살려낸 시이다.